# Die Griechisch-Orthodoxe Allerheiligenkirche in München

## Ein Bauprojekt der Ökumene als kulturelle und geistige Brücke zwischen Ost und West

Korinna Zinovia WEBER

Kunstverlag Josef Fink

**Impressum**

1. Auflage, 2023
ISBN 978-3-95976-457-5

Kunstverlag Josef Fink
Hauptstraße 102 b, 88161 Lindenberg i. Allgäu
Telefon: (0 83 81) 8 37 21
Telefax: (0 83 81) 8 37 49
E-Mail: info@kunstverlag-fink.de
Internet: www.kunstverlag-fink.de

Gedruckt mit freundlicher Unterstützung der Geschwister Boehringer Ingelheim Stiftung für Geisteswissenschaften in Ingelheim am Rhein

Bibliografische Information der Deutschen Nationalbibliothek
Die Deutsche Nationalbibliothek verzeichnet diese Publikation in der Deutschen Nationalbibliografie; detaillierte bibliografische Daten sind im Internet über http://dnb.d-nb.de abrufbar.

Text, Layout und Gestaltung: Korinna Zinovia Weber
Grafische Beratung: Andreas Thuy
Lektorat/Korrektorat: Rudolf Winterstein


Gedruckt in der EU

# Die Griechisch-Orthodoxe Allerheiligenkirche in München

# Inhalt



links
Ostseite der Gr.-Orth. Allerheiligenkirche
zur Ungererstraße

# Grußwort

ΟΙΚΟΥΜΕΝΙΚΟΝ ΠΑΤΡΙΑΡΧΕΙΟΝ
**ΕΛΛΗΝΙΚΗ ΟΡΘΟΔΟΞΟΣ ΜΗΤΡΟΠΟΛΙΣ ΓΕΡΜΑΝΙΑΣ**
**ΕΞΑΡΧΙΑ ΚΕΝΤΡΩΑΣ ΕΥΡΩΠΗΣ**
ÖKUMENISCHES PATRIARCHAT
GRIECHISCH-ORTHODOXE METROPOLIE VON DEUTSCHLAND
EXARCHAT VON ZENTRALEUROPA
BONN DEUTSCHLAND

Die Griechisch-Orthodoxe Allerheiligenkirche in München und ihr gesamter Gebäudekomplex ist nicht nur die geistige Heimat der griechisch-orthodoxen Gläubigen Münchens, sondern auch ein hervorragender Ort, an dem griechisch-orthodoxe und bayerische Freundschaft, Tradition und Kultur harmonisch zusammenleben.

Mit der Unterzeichnung des deutsch-griechischen Anwerbeabkommens in den 1960er Jahren kamen Tausende griechische Einwanderer zum Arbeiten nach Deutschland. Erste Station ihrer Einwanderung war die Stadt München und ihre erste Begegnung mit unserer Kirche war die Pfarrei der historischen Salvatorkirche in München, die der philhellenische König Ludwig I. von Bayern 1828 der griechisch-orthodoxen Kirche zur Nutzung überlassen hatte.

Mit der Ankunft und dem Aufenthalt Tausender griechisch-orthodoxer Gläubiger in München entstand der Bedarf für einen breiteren und systematischeren pastoralen und sozialen Dienst für sie. Die Griechisch-Orthodoxe Metropolie von Deutschland gründete weitere Pfarreien, die zunächst in Kirchengebäuden der römisch-katholischen und der evangelischen Kirche untergebracht waren.

Der Erzbischof von München und Freising Kardinal Joseph Ratzinger (der spätere Papst Benedikt XVI.) überließ im Jahre 1981/82 die Allerseelen-Notkirche in München unserer Metropolie für die religiösen Bedürfnisse ihrer Gläubigen. Die vielfältige und vielschichtige Nutzung dieser Kirche führte im Jahre 1993 den späteren Erzbischof von München und Freising Kardinal Friedrich Wetter in Absprache und Zusammenarbeit mit uns zu der Entscheidung, die Allerseelen-Notkirche teilweise abzureißen und eine neue Kirche mit einem modernen Kulturzentrum, Büroräumen und Pfarrhaus zu errichten. Im Jahr 2008 hat die Metropolie das Angebot von Kardinal Wetter, ihr das Grundstück und den gesamten Gebäudekomplex zu verkaufen, dankend angenommen. Dieses Ereignis bezeugt die hervorragende Zusammenarbeit unserer Metropolie mit dem römisch-katholischen Erzbistum München und Freising und den geschwisterlichen Geist der christlichen Liebe, die die Beziehungen zwischen den beiden Kirchen prägt.

links
Prozession am 15. Oktober 1995 zur Einweihung der Gr.-Orth. Allerheiligenkirche in München mit (von links nach rechts): Monika Hohlmeier (Staatssekretärin im Bayerischen Staatsministerium für Unterricht, Kultus, Wissenschaft und Kunst), Dimitrios Loundras (griechischer Generalkonsul in München), Kardinal Friedrich Wetter (Erzbischof von München und Freising), Claus-Jürgen Roepke (Oberkirchenrat der Evangelisch-Lutherischen Kirche in Bayern), Ioannis Bourlogiannis-Tsangaridis (Botschafter von Griechenland in Deutschland), Metropolit Augoustinos die Heiligen Reliquien für den Altar tragend und Bartholomaios Kessidis (Diakon).

In einer um Sinn ringenden Welt von heute ist die Griechisch-Orthodoxe Allerheiligenkirche und ihr Kulturzentrum für alle Christen in der Stadt München ein geistlicher Ort, eine geistliche Brücke von Völkern, Kulturen und Werten.

Mit besonderer Freude und aufrichtigem Dank begrüßen wir die vorliegende Arbeit von Frau Dr. Korinna Zinovia Weber, in der sie sich wissenschaftlich mit der Baugeschichte des Gebäudekomplexes der Allerheiligenkirchengemeinde auseinandergesetzt hat, um nicht nur die architektonische Struktur des Komplexes, sondern auch den Geist und die gegenseitigen freundschaftlichen Beziehungen der beiden Kirchen zu beschreiben. Frau Dr. Weber und ihre Familie – ihre griechische Mutter, ihr deutscher Vater und ihr Bruder – sind der Griechisch-Orthodoxen Allerheiligenkirche in München eng verbunden. Mit Ihrer jetzigen wissenschaftlichen Arbeit gibt sie künftigen Generationen ein wichtiges Zeugnis der durch die Jahrhunderte erfolgreichen griechisch-bayerischen Beziehungen, die mit den geschwisterlichen Beziehungen der Kirchen Münchens und mit dem bayerischen Philhellenismus besiegelt waren und sind.

Frau Dr. Weber wünschen wir Gottes reichen Segen und Beistand in ihrem familiären und wissenschaftlichen Leben.

Bonn, den 19. Oktober 2022

**† Metropolit Augoustinos von Deutschland,**
**Exarch von Zentraleuropa**

# Geleitwort

DER ERZBISCHOF EM.
VON MÜNCHEN UND FREISING

Unter den zahlreichen bedeutsamen Kirchen Münchens ist die Griechisch-Orthodoxe Allerheiligenkirche ein Kleinod. Sie wurde erbaut, um der wachsenden Gemeinde der Griechisch-Orthodoxen Metropolie eine geistliche Heimat zu geben.

Diese neue Kirche fügt sich ein in die Geschichte Münchens, wo schon im 19. Jahrhundert Griechen und griechische Kunst durch König Ludwig I. zum Leben der Stadt gehörten. Inmitten Münchens gelegen zeigt sie den zugezogenen Griechen, dass sie hier keine Fremdlinge, sondern bei uns Zuhause sind.

Sie ist die Frucht ökumenischer Freundschaft. Ökumenische Weite wird auch an ihrer Architektur sichtbar. Durch das Einbeziehen der Mauem der ehemaligen Römisch-katholischen Allerseelenkirche ist ihre äußere Gestalt westlich geprägt, aber im Inneren ist sie ganz und gar orthodox. Damit zeigt sie, dass die Kirche mit zwei Lungenflügeln atmet, im Osten und im Westen.

Vor allem aber ist diese Kirche geistliche Heimat für die Angehörigen der griechisch-orthodoxen Gemeinde. Wenn sie diese Kirche betreten, stellen sie die Ikonen, die sie von allen Seiten ansprechen, in die Welt ihres Glaubens, in die Welt der Bibel, in die Schar der Heiligen und auch in die Geschichte der Kirche.

Bei der Weihe einer katholischen Kirche heißt es in einem Gebet: „Zu deiner Ehre wurde dieses Haus errichtet, in dem du deine pilgernde Kirche versammelst, ihr darin ein Bild deiner Gegenwart zu zeigen und ihr die Gnade deiner Gemeinschaft zu schenken.“ Mögen die Menschen, welche die Griechisch-Orthodoxe Allerheilgenkirche besuchen, der Gegenwart Gottes innewerden und Gemeinschaft mit ihm und miteinander erfahren. Dazu möge auch das Buch, in dem Frau Dr. Korinna Zinovia Weber die Baugeschichte dieser Kirche beschreibt, einen Beitrag leisten.

München, im Februar 2023

+ Friedrich Card. Wetter

em. Erzbischof von München und Freising

# Vorwort

„Eine Gemeinde baut sich ein Haus. Und indem dieses Haus Gottes gebaut wird, formt sich auch die Gemeinde und ihr Glaube." So erzählt man eine Kirchenbaugeschichte. Fernand Pouillon hat es in „Les pierres sauvages" (1962) vorgemacht. Das ist allemal spannender als die Nachricht über die Versorgung eines Neubaugebietes mit der nötigen kirchenbaulichen Infrastruktur, wie sie uns aus der Zeit des Wirtschaftswunders zahlreich überliefert ist. Viele dieser Bauten haben heute ihre Gemeinden verloren, das ist eine andere, jüngere Denkmalgeschichte. Die Geschichte, die Korinna Zinovia Weber zusammengetragen hat, geht darüber jedoch hinaus. Denn hier baut eine Gemeinde sich nicht nur ein Haus, sie baut ein Haus um. Und sie wird dadurch als griechisch-orthodoxe Gemeinde in München sesshaft, bekommt eine Heimat. Im Münchner Norden wurde von 1981 bis 1995 aus der Römisch-katholischen Allerseelenkirche aus den späten 1920er Jahren die heutige Griechisch-Orthodoxe Allerheiligenkirche. Was der ursprüngliche Bau, der in wesentlichen Teilen integriert wurde, gewesen ist und welche Bedeutung ihm zukommt, wie sich die langjährige Auseinandersetzung mit dem Bestand und Planung vollzog und wie schließlich Umbau, Erweiterung und Ausgestaltung erfolgten, dies schildert Korinna Zinovia Weber kenntnisreich anhand eindrucksvoller Archivmaterialien.

Bereits der ursprüngliche Kirchenbau an der Ungererstraße ist architektur- wie städtebaugeschichtlich von Relevanz. Die Allerseelenkirche gegenüber dem Nordfriedhof diente der neu entstandenen Arbeitersiedlung „Alte Heide" in Schwabing-Ost, deren Planung auf Theodor Fischer zurückgeht. In Bayern standen der Einführung moderner Bauformen zur Zeit der Weimarer Republik besondere Schwierigkeiten entgegen, wie etwa Franz Hauser in seiner Dissertation „Licht, Luft, Sonne, Hygiene" (2020) überblicksartig dargestellt hat. Korinna Zinovia Weber gelingt es, dies am konkreten Beispiel zu belegen. Der ursprüngliche Bau des bekannten Kirchenarchitekten Richard Steidle war 1929 bis zur Unterkirche fertiggestellt worden und blieb danach weitgehend unvollendet. An Stelle eines pragmatischen Flachdaches für das Provisorium musste nach Intervention des Münchner Stadtrats ein Walmdach ausgeführt werden. Erstmals werden mit vorliegender Publikation die Stadien der Entwurfsgenese und das

links
Eingangsportal auf der Südseite der Gr.-Orth. Allerheiligenkirche

originale Planmaterial veröffentlicht und damit der Forschung zugänglich gemacht. Hier zeigen sich, noch vor der Fertigstellung der Pfarrkirche Heilige Familie in München-Harlaching 1931, Elemente einer neu-sachlichen Architektur im kirchenbaulichen Werk Steidles.

Neusachliche Nüchternheit hatte es nicht nur in der Zwischenkriegszeit schwer. Noch 1992 entschied der damalige bayerische Generalkonservator Michael Petzet, dass die Kirche kaum als Baudenkmal zu vermitteln sei. Für den Umbau und die Umgestaltung zur Allerheiligenkirche mag dies von Vorteil gewesen sein. Nüchtern ist der ab 1993 ausgeführte Umbau heute sicher kaum mehr zu nennen. Zeitlich würde man zunächst ein postmodernes Potpourri vermuten, und tatsächlich finden sich einige formale Bezüge zu bekannten Münchner Beispielen, etwa zur Herz-Jesu-Klosterkirche (1953–1955) von Alexander von Branca, überraschenderweise aber auch zu Bauten und Umbauten Karljosef Schattners in Eichstätt. Korinna Zinovia Weber geht diesen Einflüssen nach und legt dar, dass man im Laufe der Planung eine Abwendung von der Postmoderne vollzog. Eine Feststellung, die für die anstehende Bewertung der Architektur der frühen 1990er Jahre nicht unerheblich ist. Sie zeigt auch auf, wie sehr sich die griechisch-orthodoxe Kirche in München von gleichzeitigen Bauten in Griechenland unterscheidet. Es handelt sich tatsächlich um ein Münchner Original.

Gegenwärtig erfolgt architekturhistorisch und denkmalpflegerisch eine erstmalige Bewertung der Architekturproduktion der späten 1980er und 1990er Jahre. Die Griechisch-Orthodoxe Allerheiligenkirche München erlaubt beispielhaft eine vertiefte Auseinandersetzung mit diesem Baubestand und bietet darüber hinaus Anknüpfungspunkte für die jüngere Stadt-, Kultur-, Religions- und Sozialgeschichte. Es geht letztlich um das Ankommen und Sichtbarwerden einer damals noch jungen Gemeinschaft, die zunächst durch Sprache, Herkunft und Religion verbunden ist. Durch den Umbau des vorhandenen Kirchenbaus, in der Aneignung und Transformation bestehender baulicher Strukturen und der ikonographischen und baukünstlerischen Gestaltung fand diese Gemeinde eine eigene Identität, die weder bloße Übernahme des fremden Vorhandenen noch Replikation tradierter Muster des Herkunftsland darstellt.

Indem sich Korinna Zinovia Weber mit intimer Kenntnis und großer Offenheit der Geschichte dieser Gemeinde und ihres vergleichsweise jungen Kirchenbaus widmet, erarbeitet sie auch methodische Grundlagen für die weiterhin anstehende breiter gefasste Auseinandersetzung mit dem kulturellen und religiösem Bauerbe migrantischer Gruppen in Deutschland. Sie beleuchtet anhand eines relevanten Fallbeispiels das Verhältnis von etablierten Institutionen und Akteuren und sozialen Gruppen, die in der zweiten Hälfte des letzten Jahrhunderts in der Stadt München ankamen. Publikationen wie diese sind unverzichtbar für die Diskussion um unser gemeinsam geteiltes baukulturelles Erbe. Denn die Griechisch-Orthodoxe Allerheiligenkirche ist kein Einzelfall, was die Umwidmung, Weitergabe und Weiternutzung sakraler Bauten angeht. In Zeiten anhaltenden Mitgliederschwunds der etablierten Kirchen sollte man den Begriff der Mehrheitsgesellschaft wohl kaum mehr verwenden, noch dazu in einer weltoffenen, auch religiös pluralen und vielschichtigen Großstadt. Die Griechisch-Orthodoxe Allerheiligenkirche ist Teil der jüngeren Geschichte der Stadt und gleichzeitig ein lebendiger Ort des Glaubens.

In welchem Verhältnis steht der Anspruch der Denkmalpflege, im allgemeinen öffentlichen Interesse zu handeln, zu partikulären Interessen am individuellen Erbe und eigenständiger kultureller Identität? Es ist ein Verdienst der akribischen Recherche und Analyse von Korinna Zinovia Weber, dass dem heutigen Bauwerk die Denkmalfähigkeit kaum mehr abzusprechen ist. Dem Bauwerk kommt zweifellos auf mehreren Ebenen architekturhistorische, künstlerische, städtebauliche und historische Bedeutung zu. Ob wir diese Kirche aber bereits als denkmalwürdig betrachten, ob also ein öffentliches Erhaltungsinteresse vorhanden ist und worin dieses bestenfalls besteht, sollte Gegenstand öffentlicher Diskussion sein. Den Anstoß dazu liefert vorliegende Arbeit.

Prof. Dr. Andreas Putz

Professur Neuere Baudenkmalpflege
Technische Universität München

BRANNEKÄMPER
1995

# Ein „Juwel“ unter den Münchner Kirchen

## Einleitung

Die denkmalpflegerische Untersuchung eines Bauwerks, das gerade erst sein 25-jähriges Jubiläum gefeiert hat und noch nicht auf einer Denkmalliste steht, mag wie ein verfrühter Beitrag zu seiner Erhaltung wirken. In der Debatte um zukünftige Denkmäler etablieren sich gerade erst in manchen Bundesländern die Bauten der späten 1970er und 1980er Jahre.[1] Dennoch beginnt in Fachkreisen des deutschsprachigen Raums die Diskussion um eine „Denkmalpflege zwischen Post- und Transmoderne“, in der die 1990er Jahre Kulturerbe werden.[2] Häufig wird das Interesse für ältere Bauwerke erst geweckt, nachdem der Architekt, die Stifter, die Erbauer, die Zeitzeugen, etc. von uns gegangen sind.[3] Dies ist bei der Griechisch-Orthodoxen Allerheiligenkirche (Ενορία Αγίων Πάντων Μονάχου) in München – Stand Juli 2023 – nicht der Fall; auch steht sie vor keinem Eigentümerwechsel, vor keinem akuten Bedarf einer Sanierung, vor keinem Nutzungswechsel und schon längst nicht vor der Gefahr eines Abrisses. Anlässlich des 25-jährigen Jubiläums äußerte Erzpriester Apostolos Malamoussis, der maßgeblich dabei mitwirkte, die Kirche zu errichten, in einem Gespräch mit der Autorin den Wunsch, die junge Geschichte des Baus aufzuarbeiten, um sie für zukünftige Generationen festzuhalten. Damit legte er den Grundstein dieser Forschungsarbeit.

Das 1995 fertiggestellte und noch heute so bestehende Ensemble aus Kirche, Gemeindezentrum und Büro- und Wohnräumen für Geistliche an der Ungererstraße 131 in München erfüllt seitdem ununterbrochen seinen Zweck, den gr.-orth. Gläubigen, aber auch zahlreichen anderen Besuchenden, ein geistliches Zentrum, ein Ort der Begegnung und Zuhause zu sein. Kardinal Friedrich Wetter, der diesen Bau von Seiten des katholischen Ordinariats ermöglichte, bezeichnete die Kirche mit ihrer einzigartigen Ausmalung als ein „Juwel“[4] unter den sakralen Bauten Münchens. Allerdings kommt der Bau langsam in die Jahre. Sein aktueller Zustand ist hier ebenso dokumentiert wie seine langwierige Entstehung, die in ihren Wurzeln bis in die 1980er Jahre zurückreicht. Das erste Kapitel widmet sich der Vorgeschichte der gr.-orth. Gemeinde in München ab 1960, da in diesem Jahr die Ankunft der sogenannten „Gastarbeiter“ beginnt. Dabei wird auch ein erster Entwurf für einen Neubau einer „griechischen Kirche“ von Prof. Friedrich Kurrent vorgestellt.

links
Robert Brannekämper sen., Zeichnung auf der Einladung zur Einweihung der Gr.-Orth. Allerheiligenkirche, 1995

1 Martin Hahn, Clemens Kieser, Melanie Mertens, „Projekt Youngtimer: Denkmalwerte der 1980er Jahre – Eine Annäherung“, in: Denkmalpflege in Baden-Würtenberg, Nr. 2, 2019, S. 82–89, hier S. 82.

2 Karin Berkemann, „Die 1990er Jahre werden Kulturerbe. Denkmalpflege zwischen Post- und Transmoderne“, in: Das Ende der Moderne?, Berlin 2021, S. 10–19, hier S. 19.

3 In vielen Ländern ist das kulturelle Interesse für ein Werk verbunden mit dem Ableben seines Autors oder ca. 50 Jahre nach seiner Errichtung, was ungefähr den Abstand von zwei Generationen darstellt. Siehe : Massimo Visone, „The shadow line“, in: Time Frames: Conservation Policies for Twentieth-Century Architectural Heritage, Routledge, London, 2017, S. 14.

4 Interview der Autorin mit Kardinal Wetter am 03. Juni 2022, München.

An der Griechisch-Orthodoxen (Gr.-Orth.) Allerheiligenkirche ist mit bloßem Auge eine Besonderheit nicht ersichtlich: Sie ist eigentlich ein architektonisches Palimpsest des zeitgenössischen Kirchenbaus, eine Praxis wie sie seit Jahrtausenden von übereinander errichteten Kultstätten üblich ist. In sie eingearbeitet sind die Außenmauern der Vorgängerkirche, der Röm.-katholischen Allerseelenkirche von 1929 des Architekten Richard Steidle. Im zweiten Kapitel wird daher die Geschichte des Standortes und des sich darauf befindenden Vorgängerbauwerks ausführlicher beleuchtet. Die Recherche brachte dabei bisher unpublizierte Pläne der nicht ausgeführten Oberkirche zum Vorschein und erzählt damit ein unbekanntes Stück der Münchner Stadtgeschichte an der Ungererstraße.

Im mittleren Teil des Buches wird der Entwurfsprozess nachvollzogen und bis zur Umsetzung auf der Baustelle dargestellt. Besondere Aufmerksamkeit erfährt dabei auch die bis heute fortlaufende Ausmalung im Inneren der Kirche mit Beispielen zur Erläuterung der ausgewählten Motive.

Die Gestalt der Kirche ist, wie in den Kapiteln des darauffolgenden Teils aufgezeigt werden wird, das Ergebnis dreierlei Einflüsse: für katholische Kirchen typische Formen mit lokalen Referenzen, gr.-orth. Kirchenbau mit zusätzlichem Einfluss der sogenannten „weißen" Architektur der Kykladen sowie der Zeitgeist einer abebbenden Postmoderne. Die Gr.-Orth. Allerheiligenkirche ist von katholischen Bauformen beeinflusst, wovon beispielsweise der extrem schlanke Turm zeugt, der auf Anregung des Ordinariats im Entwurfsprozess erst später hinzugefügt wurde und in seinen Dimensionen ungewöhnlich für eine gr.-orth. Kirche ist. Gleichzeitig erfüllt er architektonische Vorgaben für orthodoxe Kirchen nach byzantinischem Ritus. Das gilt beispielsweise für die Kuppel und die Konchen, aber auch für die im Inneren festgelegte Raumabfolge. Die Betrachtung verschiedener Entwurfsstände zwischen 1986 bis 1995 erlauben es, die Postmoderne überkommende Tendenzen zu beobachten. Sie äußern sich subtil in den schrittweisen Änderungen von Details an den Fassaden, was sich beispielsweise an den abflachenden Spitzgauben und verschwindenden Metallerkern bemerkbar macht.

Im letzten Kapitel werden das Potenzial als zukünftiges Denkmal diskutiert sowie spätere Herausforderungen angesprochen. Dieses Buch möchte damit einen Beitrag zu „proaktiver Denkmalpflege" für noch junge und doch bedeutende Bauten religiöser Minderheiten aus dem Ende des 20. Jahrhunderts und ihrer Wertschätzung leisten und damit zu ihrer langfristigen Erhaltung beitragen.

## Quellenlage und Forschungsstand

Zur Gr.-Orth. Allerheiligenkirche und ihrem Vorgängerbau, der Allerseelenkirche, gibt es bisher wenig publiziertes Quellenmaterial. Zu nennen sei hier als Basismaterial der kleinformatige Peda-Kunstführer mit einem Beitrag von Karin Hösch, der den Bau sehr knapp beschreibt und sich etwas ausführlicher der Ausstattung widmet, wobei die Ausmalung zum Zeitpunkt des Erscheinens im Jahr 2000 noch nicht weit fortgeschritten ist.[5] Das von der Griechisch-Orthodoxen Metropolie herausgegebene Buch mit dem – hier aus dem Griechischen übersetzten – Titel „Kleine Heimatstätten – Die Gemeinden der Heiligen Metropolie Deutschlands (1963–2013)"[6] von 2014 über die gr.-orth. Kirchen in Deutschland, führt die Gr.-Orth. Allerheiligenkirche zwar unter den sich in Deutschland befindenden gr.-orth. Kirchen auf, jedoch ohne den Namen des Architekten zu nennen. Ein kurzer Abriss der Kirchengeschichte ist ebenfalls Teil des 2009 erschienenen Portraitbands zu Erzpriester Apostolos Malamoussis.[7] Eine ebenso knappe Beschreibung über die Geschichte der Gr.-Orth. Allerheiligenkirche, verfasst von Erzpriester Malamoussis selbst, befindet sich auch in einer griechischen Publikation über „Die Kirchen der griechischen Auswanderer"[8]. Die bis zu diesem Zeitpunkt publizierten Quellen zur Gr.-Orth. Allerheiligenkirche lassen eine fundierte Baugeschichte vermissen, insbesondere der Entwurfsprozess und der Umbau der Allerseelenkirche werden dort nicht oder nur unzureichend thematisiert.

Für diese Forschungsarbeit wurden zahlreiche Dokumente als Primärquellen aus verschiedenen Archiven gesichtet, um eine zusammenhängende Entwurfs- und Baugeschichte rekonstruieren zu können. Die abfotografierten Pläne und Dokumente wurden chronologisch sortiert und miteinander verglichen. In vielen Fällen war das Material undatiert, konnte jedoch im Zusammenhang mit anderen Quellen einem engeren Zeitraum zugeordnet werden.

Erste Anlaufstelle war das Archiv der Gr.-Orth. Allerheiligenkirche in München, das sich in den Büroräumen des Nebengebäudes befindet. Dort sind erste Skizzen zu einem Neubau einer gr.-orth. Kirche von Robert Brannekämper sowie verschiedener Schriftverkehr ab ca. 1980 erhalten, zusammen mit einem sehr umfangreichen Fotoarchiv. Diese Quellen trugen dazu bei, einen Überblick über die beteiligten Akteure sowie die frühen Diskussionen um einen Neubau bzw. Umbau zu bekommen.

Ergänzend dazu wurden die Bauakten des Standortes an der Ungererstraße 131 in der Zentralregistratur der Lokalbaukommission in München gesichtet, in der sämtliche Eingabe- sowie Tekturpläne der Gr.-Orth. Allerheiligenkirche vom Architekten zur Baugenehmigung eingereicht wurden.

Speziell zur Allerseelenkirche sind einige Dokumente im Archiv des Erzbistums München und Freising erhalten, vor allem Briefverkehr der Erzdiözese und der Allerseelengemeinde ab ca. 1928. In der bereits erwähnten Bauakte zur Ungererstraße 131 in der Zentralregistratur der Lokalbaukommission München liegen sämtliche Originalpläne des Entwurfs von Richard Steidle von 1929 – auch die der Oberkirche, die mit diesem Buch erstmalig publiziert werden. Da zum Architekten Richard Steidle sehr wenig bekannt ist, wurden weitere Nachforschungen zu seinem Werk angestellt, um die Al-

5 Karin Hösch, Griechisch-orthodoxe Kirchen München: Salvatorkirche, Allerheiligenkirche, Passau 2000, S. 27.

6 Ökumenisches Patriachat, Οικουμενικό Πατριαρχείο Ιερά Μητρόπολη Γερμανίας Εξαρχία Κεντρώας Ευρώπης, Μικρές Πατρίδες / Οι Εδορίες της Ιεράς Μητροπολεως Γερμανίας (1962–2013), Bonn 2014.

7 Peter Weismann, Apostolos Malamoussis, München 2010, S. 66–72.

8 Κώστας Μπαρουτας, Οι Ναοί των Ελλήνων μεταναστών, Athen 2006, S. 274–275.

lerseelenkirche als Bauwerk besser in ihren historischen Kontext einordnen zu können. Im Architekturmuseum München befinden sich einzelne Mappen zu anderen Werken von Richard Steidle, jedoch nur drei Glasplatten zur Allerseelenkirche mit Fotografien von Dr. Hans Steinmetz aus dem Jahr 1940. Ein Besuch im Archiv des Markts Dießen am Ammersee, dem letzten Wohnort von Steidle, bekräftigte die Vermutung, dass der Nachlass von Richard Steidle nach seinem Tod verloren gegangen zu sein scheint. Über den Architekten selbst konnten weitere biografische Daten und unbekannte Kirchenwerke durch ein Gespräch mit Arbo Steidle, einem entfernten Nachfahren von Richard Steidle, ergänzt werden, dessen Familie noch im Besitz eines Skizzenbuchs sowie einer Tonbandaufnahme von Richard Steidle aus dem Jahre 1957 ist. Manfred Lamberty, ehemaliger Mesner in der Allerseelenkirche, bewahrt ein umfangreiches Archiv zur Allerseelenkirche, das für diese Arbeit zur Verfügung gestellt wurde. In der Photothek des Zentralinstituts für Kunstgeschichte sind zusätzlich Fotografien von Margrit Behrens von 1990, kurz vor dem Teilabriss der Allerseelenkirche, erhalten.

Die Arbeit nährt sich auch aus persönlichen Gesprächen, die von der Autorin mit an dem Bau beteiligten Zeitzeugen geführt wurden. Zu Beginn der Forschung, am 03. Juni 2022 wurden Kardinal Friedrich Wetter und der Architekt Robert Brannekämper sen. in die Gr.-Orth. Allerheiligenkirche eingeladen, um sich gemeinsam mit Erzpriester Apostolos Malamoussis an den Bau der Kirche zu erinnern. Dabei wurden mit den geladenen Gästen einzelne Interviews zum Bau und seiner Entstehungsgeschichte geführt, welche mit dem jeweiligen Einverständnis auf Diktiergeräten festgehalten wurden. Bei dieser Gelegenheit wurden der Autorin Kopien von 26 Werk- und Detailplänen von 1991 bis 1995 zur Gr.-Orth. Allerheiligenkirche von Robert Brannekämper aus seinem privaten Archiv persönlich übergeben. Robert Brannekämper stand auch während der gesamten Forschungszeit für anfallende Rückfragen der Autorin zur Verfügung. Die mündlichen Aussagen wurden stets mit schriftlichen Quellen, sofern vorhanden, abgeglichen.

Der anhaltende Austausch mit Erzpriester Malamoussis erlaubte es der Autorin, die Perspektive der Gr.-Orth. Metropolie zu berücksichtigen und nötige Kontakte für Fragen herzustellen. In einem längeren Gespräch mit der Autorin, welches mit seinem Einverständnis aufgezeichnet wurde, erläuterte Erzpriester Malamoussis am 01. März 2023 im Detail die gewählten Motive der Ausmalung in der Kirche. Hinzu wurden kurze informelle Gespräche mit einzelnen Mitgliedern der gr.-orth. Gemeinde im persönlichen Umfeld der Autorin geführt, die jedoch nicht aufgezeichnet wurden.

Das Sprechenlassen von Zeitzeugen bot gerade da, wo keine schriftlichen Quellen vorlagen, eine wichtige Ergänzung und gab der Forschung immer wieder neue Impulse: Ohne ihre Stimmen wäre das vorliegende Buch in diesem Umfang nicht möglich gewesen.

Robert Brannekämper, „Farbenprächtiger Innenraum“ der Gr.-Orth. Allerheiligenkirche, 2022

# Der lange Weg zu einem geeigneten Standort und Bauwerk

## Die wachsende Gemeinde der gr.-orth. Diaspora in München ab 1960

Die Verbundenheit der gr.-orth. Gläubigen mit München als Wahlheimat ist historisch besonders geprägt von der Gebrauchsüberlassung der Salvatorkirche 1828 in der Münchner Innenstadt für ihren Gottesdienst durch Ludwig I. von Bayern.[9] Seit dieser Zeit sind es hauptsächlich Studierende, die für ihre Ausbildung in die Stadt kommen.[10] Allerdings stellen die Griechinnen und Griechen bis zur ersten Hälfte des 20. Jahrhunderts keine quantitativ bedeutsame Gruppe unter den in Deutschland lebenden Ausländern dar.[11] Dies ändert sich jedoch mit dem Anwerbeabkommen zwischen der Bundesrepublik Deutschland und Griechenland vom 30. März 1960, wodurch die Zahl der griechischen Arbeitnehmenden und deren nachkommenden Familien in Deutschland stark ansteigt. Dementsprechend erreichen auch zahlreiche gr.-orth. Gläubige München, die über 97% der Griechinnen und Griechen ausmachen.[12] Der zeitlich begrenzte Aufenthalt hat zur Folge, „dass die Migranten mit ihrer Heimat enger verbunden bleiben als Auswanderer, die vor haben [sic] im Zielland ein neues Leben aufzubauen"[13]. Während bis dahin die Betreuung der Gläubigen in Deutschland über das 1922 gegründete Erzbistum von Thyateira und Großbritannien mit Sitz in London erfolgt, wird im Februar 1963 vom Ökumenischen Patriarchat die Griechisch-Orthodoxe Metropolie (GOM) von Deutschland in der damaligen Hauptstadt Bonn eingerichtet. Die Metropolie stellt eine selbstständige Religionsgemeinschaft innerhalb der Orthodoxie in Deutschland dar und die Bezeichnung „griechisch-orthodoxe" drückt lediglich den Zusammenhang mit dem Sprach- und Kulturraum aus.[14] Die Gr.-Orth. Metropolie wird 1974 als Körperschaft des öffentlichen Rechts von der Bundesrepublik Deutschland anerkannt.

Um den erhöhten Bedarf nach religiöser Zusammenkunft der neu angekommenen Griechinnen und Griechen im Münchner Umfeld zu decken, werden nach und nach immer wieder zusätzliche sakrale Räume für deren Nutzung zur Verfügung gestellt. So wird ab 1962 die Kapelle St. Helena in Breitenweiher für gr.-orth. Gottesdienste vom Erzbischöflichen Ordinariat in der Maxburgstraße den etwa 60 Griechinnen und Griechen zur Verfügung gestellt, die in dem

links
Sankt Salvator in München (ehem. kath. Friedhofskirche der Frauenkirche), erbaut 1493/1494 und ab 1828 von Ludwig I. von Bayern der gr.-orth. Gemeinde für Gottesdienste zur Verfügung gestellt

9 Zur Geschichte der Salvatorkirche siehe: Konstantin Kotsowilis, Die Griechische Kirche in München als Gotteshaus zum Erlöser, Gemeinde der Hellenen und Mittelpunkt des bayerischen Philhellenismus; ehemals Friedhofskirche Sankt Salvator; Festschrift zum 170-jährigen Gemeinde-Jubiläum (1828–1998), München 1998.

10 Antonios Alevisopoulos, „Die Anfänge der griechischen Orthodoxie", in: Dienst am Volk Gottes, Herten 1992, S. 97–116, S. 104.

11 Marina Marinescu, Walter Kiefl, Wir werden sehen... Das Leben der Griechen in und zwischen zwei Ländern, Frankfurt 1990, S. 30.

12 Ebd., S. 122.

13 Cay Lienau, „Die griechische Gastarbeiterwanderung und ihre Auswirkungen auf Herkunfts- und Zielgebiete", in: Meilensteine deutsch-griechischer Beziehungen, Athen 2010, S. 263.

14 Ludger Westrick, „Perspektiven der Griechen in Deutschland", in: Orthodoxie in Begegnung und Dialog, Münster 1998, S. 145–160, hier S. 145.

naheliegenden Taufkirchener Polstermöbelwerk Himolla arbeiten.[15] Ab 1972 wird die evangelische Johanneskirche von der gr.-orth. Kirchengemeinde Hl. Georgios in der Preysingstraße mitbenutzt, die bereits Ende der 1970 nicht mehr ausreicht, um die stark anwachsende gr.-orth. Gemeinde aufzunehmen. Nach deren Schließung 1982 aufgrund von Sanierungsarbeiten kommt die Kirchengemeinde Hl. Georgios ab 1984 in der röm.-kath. Kirche „Zum Guten Hirten" ebenfalls in der Preysingstraße unter.[16] Von 1972 bis 1980 wird die alte St. Martinskirche in Moosach der gr.-orth. Kirche zur alleinigen Benutzung überlassen, jedoch finden ab 1974 dort auch wieder katholische Gottesdiente statt, wodurch die „orthodoxen Einrichtungen", insbesondere die Ikonostase, in einen Nebenraum verstaut werden müssen.[17] Wegen der Restaurierung der alten St. Martinskirche ab Ende 1979 finden dort in den folgenden Jahren keine weiteren Gottesdienste statt.[18]

Gleichzeitig geraten die gr.-orth. Gläubigen in akute Raumnot für ihre Gottesdienste, als ab 1977 die Salvatorkirche illegal von dem 1923 gegründeten Verein „Griechische Kirchengemeinde München und Bayern e.V." besetzt wird und durch den daraus resultierenden jahrzehntelangen Rechtsstreit mit dem Freistaat, dem Eigentümer der Kirche, vorübergehend nicht mehr für Gottesdienste genutzt werden kann.[19]

Da die noch vorhandenen Räumlichkeiten nicht mehr ausreichen und die Gr.-Orth. Metropolie nach Ausweichmöglichkeiten suchen muss, wendet sie sich 1979 an den damaligen Erzbischof von München und Freising, Kardinal Joseph Ratzinger, mit der Bitte, entweder eine kath. Kirche in München oder ein Grundstück für den Aufbau einer schnell zu montierenden Kirche der Orthodoxie als Zwischenlösung zur Verfügung zu stellen.[20] Das Erzbischöfliche Sekretariat antwortet, dass der Kardinal mit seinen Mitarbeitern nach Möglichkeiten suchen werde, um der Gemeinde eine geeignete Kirche bzw. einen geeigneten Gottesdienstraum zur Verfügung zu stellen.[21] Trotz dieser Aussicht verstärkt die Gr.-Orth. Metropolie ihre Bemühungen Ende der 1970er Jahre, alternativ ein geeignetes Grundstück mit entsprechendem Neubau als Lösung des Raumproblems zu finden.

### Suche nach einem städtischen Grundstück für einen Kirchenneubau ab 1980

In den frühen 1980er Jahren beläuft sich die Zahl der in München lebenden Griechinnen und Griechen auf 18 000; dabei ist die griechische Bevölkerung besonders jung, denn Rund ein Drittel (32%) ist jünger als 20 Jahre.[22] Ein großer Teil davon, ca. 4000 und damit 20% aller in München lebenden Griechinnen und Griechen, wohnt zu der Zeit im Westend. Dort befand sich bis 1979 die Fabrik des Gummiherstellers Metzeler AG, in der zuvor viele Griechinnen und

15 Brief des Generalvikars an das Polstermöbelwerk Himolla Carl Hierl GmbH, 20. Juli 1962, Archiv des Erzbistums München und Freising.
16 2013 zieht die Gemeinde nochmals um in die ev. „Auferstehungskirche" ins Westend, wo sie nach wie vor – Stand Mai 2023 – ihren Gottesdienst zelebriert.
17 Brief von Heraklitos Dimaratos an das Erzbischöfliche Ordinariat München, Ökumenische Kommission, 10. Oktober 1979, Archiv des Erzbistums München und Freising.
18 Lothar Altmann, Alte St. Martinskirche München-Moosach, Lindenberg im Allgäu 2020, S. 6.
19 Erst im Juni 1999 wird die Salvatorkirche wieder der Gr.-Orth. Metropolie übergeben. Für eine ausführliche Darstellung des Rechtsstreits um die Salvatorkirche siehe: Apostolos Malamoussis, „Die Salvatorkirche in München – eine aufregende Geschichte", in: Die orthodoxe Kirche, Frankfurt am Main 1999, S. 355–372.
20 Brief von Demetrios Grollios an Kardinal Dr. J. Ratzinger, 16. April 1979 München, Archiv der Gr.-Orth. Allerheiligenkirche München.
21 Brief des Erzbischöflichen Sekretärs Bruno Fink an Archimandrit Dimitrios Grollios, 28. April 1979, Archiv der Gr.-Orth. Allerheiligenkirche München.
22 Elmar Huss, „Ausländer in München – Eine statistische Fortschreibung", in: Münchner Statistik, 1984, S. 337–350.

Griechen als Gastarbeitende tätig waren. Daher sucht die Gr.-Orth. Metropolie von Deutschland zunächst nach einem geeigneten Standort im Westend, um die gr.-orth. Gläubigen dort zu versammeln.

Die konkreten Möglichkeiten ergeben sich jedoch außerhalb des Westends: Im Juli 1980 beauftragt der Stadtrat das Kommunalreferat München der Gr.-Orth. Metropolie von Deutschland, ein Kaufangebot für ein städtisches Grundstück an der Putzbrunner Straße 49 in Perlach, im Südosten Münchens, zu unterbreiten, welches im November 1980 dort eingeht. Gleichzeitig bekunden gr.-orth. Kirchenvertreter beim Planungsreferat der Stadt Interesse an einem Grundstück im Norden Münchens, in der Garchinger an der Ecke zur Neuchinger Straße in Schwabing-Freimann, für das sie im Februar 1981 ebenfalls ein Kaufangebot erhalten.[23] Im März 1981 bietet die röm.-kath. Kirchengemeinde St. Michael in Perlach in Absprache mit der Gr.-Orth. Metropolie der Stadt München an, das Gemeindegrundstück an der Putzbrunner Straße durch ein Tauschangebot mit einem Kirchengrundstück in der Unterhachinger Straße zu erwerben und der Gr.-Orth. Metropolie mit Erbpachtvertrag auf 99 Jahre zur Verfügung zu stellen, sofern diese nicht selber in der Lage sei, das Grundstück an der Putzbrunner Straße zu erwerben.[24] Nach darauffolgenden internen Besprechungen stellen die gr.-orth. Vertreter im März 1983 klar, dass sie kein Interesse an dem Grundstück an der Putzbrunner Straße haben, ohne einen Grund zu nennen.[25]

Da die Salvatorkirche aufgrund des Rechtsstreits weiterhin für eine Nutzung nicht freigegeben wird, wendet sich die Gr.-Orth. Metropolie im Juni 1981 an den Oberkirchenrat Theodor Glaser der ev.-luth. Kirche in Bayern, der in seiner Antwort zusagt, sich Gedanken darüber zu machen, bei der weiteren Suche behilflich zu sein.[26] Zeitgleich geht beim damaligen Oberbürgermeister Erich Kiesl ein Schreiben des gr.-orth. Vikariats in Bayern ein, mit der Bitte, der griechischen Gemeinde bei dem vorherrschenden Raumproblem behilflich zu sein.[27] Als Reaktion darauf wendet sich Kiesl im Dezember 1981 an den Ministerialdirektor Dr. Karl Böck, um die Gr.-Orth. Metropolie zu einer baldigen Entscheidung für eines der beiden Grundstücke zu bewegen. Weiterhin drängt Kiesl, möglichst bald ein Bauprojekt auszuarbeiten, „um die Realisierungsmöglichkeit auf diesem Grundstück prüfen zu können“[28]. Tatsächlich war zu diesem Zeitpunkt schon ein Bauprojekt von Prof. Friedrich Kurrent für das Grundstück an der Neuchinger Straße ausgearbeitet worden, auf das im Folgenden genauer eingegangen wird.

Aus finanziellen Gründen lehnt die Gr.-Orth. Metropolie den Erwerb aller vorgeschlagenen Grundstücke ab; das Grundstück an der Putzbrunner Straße wird später der serbisch-orthodoxen Gemeinde für den Bau eines Gemeindezentrums mit Kirche angeboten und 1985 von dieser erworben.

23 Brief von Verwaltungsrat Hillenmeier des Kommunalreferats für Grundstücksverkehr München an die Gr.-Orth. Metropolie 16.02.1982, Archiv der Gr.-Orth. Allerheiligenkirche München.

24 Brief von Pfarrer Zielinski an Demetrios Grollios, 14. April 1981, Archiv Gr.-Orth. Allerheiligenkirche München.

25 Brief von Dimetrios Grollios, Bischof von Thermai an Pfarrer Zylinski, 16. März 1983, Archiv Gr.-Orth. Allerheiligenkirche München.

26 Brief von Oberkirchenrat Theodor Glaser an Dimitrios Grollios, 03. Juli 1981, Archiv Gr.-Orth. Allerheiligenkirche München.

27 Brief des gr.-orth. Vikariats in Bayern an Oberbürgermeister Erich Kiesl, 30. Juni 1981 München, Archiv Gr.-Orth. Allerheiligenkirche München.

28 Brief von Oberbürgermeister Erich Kiesl an Dr. Karl Böck, 15. Dezember 1981, Archiv Gr.-Orth. Allerheiligenkirche München.

## Entwurf von Prof. Friedrich Kurrent und die Eigenschaften einer gr.-orth. Kirche

Für den Entwurf einer gr.-orth. Kirche wird im Winter 1980 während den Verhandlungen mit der Stadt München zunächst Professor Josef Wiedemann[29] vom Lehrstuhl „Entwerfen und Denkmalpflege" der Technischen Universität München von gr.-orth. Kirchenvertretern angefragt, der zu diesem Zeitpunkt bereits zahlreiche Kirchenbauten realisiert hat. Da sich Wiedemann aus terminlichen Gründen nicht im Stande sieht, einen Entwurf innerhalb von drei Monaten zu liefern, empfiehlt er dem damaligen Bischof Dimitrios[30], seinen jüngeren Kollegen Prof. Friedrich Kurrent[31] vom Lehrstuhl für Entwerfen und Raumgestaltung der TU München als Architekten in Betracht zu ziehen.[32]

Im Frühjahr 1981 fertigt Kurrent einen Vorentwurf für eine gr.-orth. Kirche auf dem Grundstück an der Neuchinger Straße / Ecke Garchinger Straße nahe der Alten Heide.[33] Das in Frage kommende Grundstück ist zu der Zeit mit einem Kinderspielplatz belegt und gehört der Stadt München. Die von Kurrent als Auftrag interpretierte Anfrage mit entsprechender Vergütung beruht laut der Gr.-Orth. Metropolie von Deutschland auf einem Missverständnis: Es gab zunächst nur ein Gespräch mit Bischof Dimitrios mit der Frage, ob Kurrent grundsätzlich bereit wäre, eine gr.-orth. Kirche in München zu planen, die später gebaut werden könnte, und ob er dafür eine erste Skizze anfertigen könnte. Diese mündliche Anfrage wurde von Kurrent als offizieller Auftrag interpretiert und als umfangreicher Vorentwurf mit mehreren Plänen im April 1981 geliefert. Schließlich wird Kurrent als Kompromiss mit einer Teilsumme honoriert.
Kurrent schlägt in seinem Entwurf ein in sich gekehrtes Ensemble mit Kirche, Gemeindehaus und Kindergarten nach dem Vorbild eines Klosters vor, das aus einem L-förmigen Bau sowie einem an der gegenüberliegenden freien Ecke stehenden Kubus besteht. Die Umfriedungsmauer ist in der gleichen Materialität wie die Fassaden gehalten, mit dunkleren horizontalen Bändern in regelmäßigen Abständen. Kurrent selbst beschreibt seinen Entwurf wie folgt:

> „[...] in der Umformung des alten Themas, der aus der Kreis- und Quadratgeometrie kommenden und in die Kubus- und Kuppelvolumetrie führenden Ordnung, sah ich durch die Anwendung neuer Konstruktionen Möglichkeiten einer Verwandlung in die heutige Zeit. [...] Aus den vier Raumecken entspringen die schrägen Stützen, die sich je dreifach entfalten, um mit ihren zwölf Rippen (den zwölf Aposteln) den Pantokrator im Kuppelzenith zu tragen."[34]

29 Josef Wiedemann (1910–2001) war ein deutscher Architekt und Professor an der TU München. Neben zahlreichen Wiederaufbauten in der Münchner Innenstadt baute er unter anderem die Pfarrkirche und Kloster Maria vom Guten Rat in Schwabing und das Karmelitinnen-Kloster Heilig Blut in Dachau.

30 Bischof Dimitrios, weltlicher Name: Michael Grollios (*1939) wird in Ossa im Bezirk Thessaloniki geboren. Nach seiner Priesterweihe in Thessaloniki ging er nach Straßburg und kam anschließend nach Darmstadt, Offenbach und München. 1980 wurde er zum Bischof geweiht. Er blieb bis 2000 in München und kehrte dann nach Griechenland zurück.

31 Friedrich Kurrent (1931–2022) war ein österreichischer Architekt und Professor an der TU München, an der er von 1973 bis 1996 den Lehrstuhl für Entwerfen und Raumgestaltung innehatte. Zu seinen frühen Werken mit der Arbeitsgruppe 4 gehören Sakralgebäude in Österreich, wie beispielsweise die Pfarrkirche Steyr-Ennsleite.

32 Brief von Prof. Kurrent an Bischof Dimitrios am 03. Mai 1982, Archiv Gr.-Orth. Allerheiligenkirche München.

33 Der Briefverkehr zwischen Prof. Kurrent und dem Gemeinderat (ohne Pläne) ist im Archiv der Gr.-Orth. Allerheiligenkirche München erhalten. Siehe: Brief von Prof. Kurrent an Bischof Thermai Demetrius, 18. Dezember 1981 München.

34 Friedrich Kurrent, Scarlett Munding (Hrsg.), Einige Häuser, Kirchen und dergleichen, Salzburg 2001, S. 148.

Friedrich Kurrent, Entwurf für eine griechisch-orthodoxe Kirche neben der Alten Heide, 1981

Friedrich Kurrent, Entwurf für den Innenraum der griechisch-orthodoxen Kirche, 1981

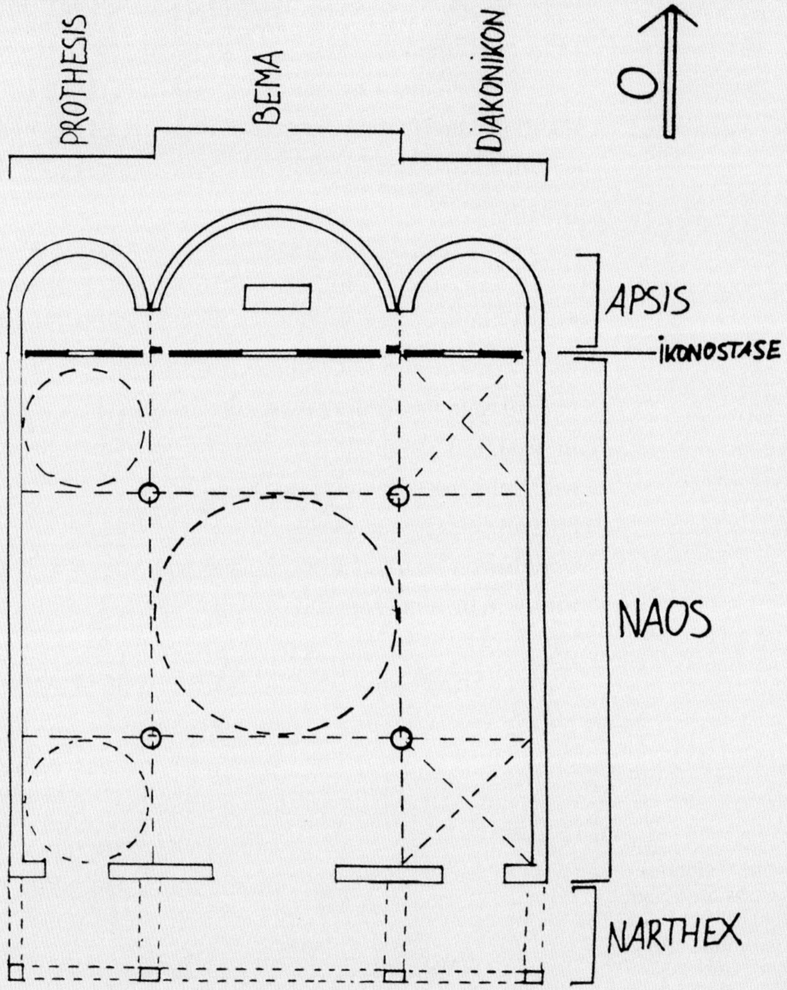


Friedrich Kurrent, Seminaristische Vorarbeit zum Entwurf einer griechisch-orthodoxen Kirche, TU München, 1986

Der Entwurf für die Kuppel der orthodoxen Kirche ist laut seiner damaligen Mitarbeiterin Ruth Jureczek eine „zeitgemäße Interpretation“ der Bauaufgabe, was den Baustoff, die Ableitung der Lasten (schräge Stützen) und die Form (die sich auffächernden Stützen zu 12 Rippen, so dass der ikonographischen Bedeutung der 12 Apostel bis in die Konstruktionsglieder hinein Rechnung getragen wurde) betrifft.[35] Die schrägen Säulen finden sich bereits im Entwurf des Architekten Jože Plecnik für das nicht realisierte slowenische Parlament von 1947, eine Referenz, die Kurrent bekannt ist und die als Motiv hier aufgegriffen wird.[36]

Zu einer Umsetzung des Vorschlags von Kurrent kommt es letztendlich nicht, da die Gr.-Orth. Metropolie von Deutschland die benötigten Investitionskosten für das Gesamtvorhaben nicht tragen kann.[37]

Als in den darauffolgenden Jahren die Diskussion um den Bau einer gr.-orth. Kirche fortgesetzt wird und das Erzbistum München und Freising dafür einen Kirchenneubau auf dem Grundstück an der Ungererstr. 131 planen will, kommt Prof. Kurrent auf seine eigenen Pläne zurück, die jedoch von dem damaligen Eigentümer des Grundstücks, der röm.-kath. Kirche, nicht akzeptiert werden.[38] In Reaktion darauf bietet Prof. Kurrent im Sommersemester 1986 an seinem Lehrstuhl einen Sakralbauentwurf für Studierende an. Neben der Geschichte der orthodoxen Kirchen werden die Studierenden in einem Heft zu „Seminaristischen Vorarbeiten“ u.a. auch in die verbindlichen Bau- bzw. Raumelemente einer gr.-orth. Kirche eingeführt:

| | |
|---|---|
| „NARTHEX | überdachter Eingangsbereich (kein geschlossener Raum)<br>entstanden aus dem Atriumshof, der den frühchristlichen Basiliken<br>vorgelagert war und rituellen Waschungen diente<br>dient nicht als Raum für rituelle Handlungen |
| NAOS | zentraler Kirchenraum für die Gemeinde meist mit Kuppel überwölbt<br>Keine Sitzplätze, die Kirchengemeinde steht während der Meßfeier<br>In der Kuppel meist Bild des Erlösers (Pantokrator)<br>entstanden aus dem Vierungsquadrat, das aus der Durchdringung von Haupt- und Nebenschiff entsteht |
| IKONOSTASE | hölzerne Bildwand mit Ikonen der wichtigsten Kirchenheiligen |

35 Gemäß Ruth Jureczek, ehemalige Mitarbeiterin bei Prof. Friedrich Kurrent, E-Mail an die Autorin 01. Oktober 2022.
36 Telefonisches Interview mit Reinhard Engelbrecht, ehemaliger Mitarbeiter von Friedrich Kurrent, 27. September 2022.
37 Brief von Bischof Dimitrios von Thermai an Prof. Kurrent 14. April 1982, Archiv der Gr.-Orth. Allerheiligenkirche München.
38 Robert Brannekämper sen. erinnert sich, dass Prof. Kurrent einen „Brandbrief“ an Dr. Fahr geschrieben hat, als Reaktion auf die Tatsache, dass der Auftrag anderweitig vergeben wurde und nicht an den Lehrstuhl für sakrales Bauen. Dr. Fahr habe in seiner Antwort argumentiert, dass Brannekämper aufgrund des günstigen Angebotes von der Planung bis zur Ausführung ausgewählt wurde. Interview mit Robert sen. Brannekämper am 03. Juni 2022 in München.

| | |
|---|---|
| | trennt Apsis (Bereich für den Klerus) räumlich von Naos (Bereich der Gemeinde)<br>entstanden aus der Brüstung, die auch bei kath. Kirchen noch oft zu finden ist und die heute nur noch bei der Verteilung der Kommunion eine Funktion erfüllt<br>die Türen zum Apsisraum sind während der liturg. Feier meist geöffnet, wodurch die Handlungen der Priester einsehbar werden |
| APSIDEN | 3 Apsiden (Prothesis/Bema/Diakonion), wobei die bei den Nebenapsiden zur Vorbereitung der liturgischen Handlungen in der Hauptapsis dienen<br>der Hauptaltar steht in der Hauptapsis |
| UNTERKIRCHE | entstanden aus der Krypta, wo zu Ehren der dort Begrabenen Meßfeiern abgehalten werden<br>Dient heute meist als Werktagskirche“[39] |

Zur Veranschaulichung werden im Heft als Beispiele unter anderem die Hagia Sophia in Thessaloniki, die Panagia Kamariotisa auf der Insel Chalki (Heybeliada) in der Türkei, die Klosterkirche Hl. Katharina auf dem Berg Sinai, Panagia Chalkeon in Thessaloniki und zuletzt auch Prof. Kurrents eigener Entwurf für eine gr.-orth. Kirche in München gezeigt.

Im Herbst 1986 wird Erzpriester Apostolos Malamoussis von Prof. Kurrent in die Räumlichkeiten der TU München eingeladen, um ihm sowie anwesenden Studierenden seinen eigenen Entwurf von 1981 zu präsentieren.[40]

39 Lehrstuhl für Entwerfen, Raumgestaltung und Sakralbau, Griechisch-Orthodoxe Kirche, Seminaristische Vorarbeiten zum Sakralbauentwurf im Sommersemester 1986, Prof. Friedrich Kurrent, S. 27. Vermutlich über Friedrich Fahr gelangt das Heft in den Privatbesitz des späteren Architekten der Gr.-Orth. Allerheiligenkirche Robert Brannekämper sen., der es der Autorin zur Einsichtnahme zur Verfügung gestellt hat.

40 Interview mit Erzpriester Apostolos Malamoussis, 10. Juni 2022, München.

Friedrich Kurrent, Segenskirche in Aschheim, erbaut 1996

# Die Röm.-kath. Allerseelenkirche 1929–1980

## Städtebauliche Planungen ab 1900 entlang der südlichen Ungererstraße

Das Grundstück an der Ungererstraße 131, auf dem sich heute die Gr.-Orth. Allerheiligenkirche befindet, blickt in der ersten Hälfte des 20. Jahrhunderts auf eine wechselhafte Geschichte zurück. Der Abschnitt der Ungererstraße zwischen Schenkendorfstraße und Domagkstraße ist städtebaulich zuerst geprägt von dem gegenüberliegenden Nordfriedhof. Dieser wurde von Hans Grässel[41] 1885 als Teil der dezentralen Friedhofsanlagen in München entworfen. Die dazugehörigen Gebäude wurden zwischen 1896 und 1899 errichtet. Dass die Ungererstraße zu dieser Zeit nicht sehr breit war (Fahrweg 30 Meter mit je sechs Meter Gehsteig), erlaubte „keine ausgesprochene Monumentale Disposition der Bauanlage, die aus räumlichen und praktischen Gründen dicht an die Straße gelegt werden musste".[42] Kurz nach den Planungen Grässels fertigt im Februar 1900 Theodor Fischer[43] innerhalb seiner Baulinienplanungen für München im Stadtbauamt Karten für den Bereich Schwabing-Ost an. Dabei sieht er senkrechte Straßenachsen vor, die in einem regelmäßigen Raster von der Ungererstraße abgehen. Besondere Aufmerksamkeit widmet er im Dezember 1900 der geplanten 22 Meter breiten Straßenachse vor der Aussegnungshalle des Nordfriedhofs, wobei die Ungererstraße auf 40 Meter Breite erweitert werden soll.[44]

Zwischen 1919 bis 1928 wird etwas weiter nördlich, ebenfalls nach den Plänen von Theodor Fischer, die Arbeitersiedlung „Alte Heide" im Auftrag der München-Nymphenburg Terraingesellschaft errichtet. Sie besteht aus strengen Nord-Süd-Wohnzeilen, parallel zur Ungererstraße verlaufend, gemäß dem „Neuen Bauen", das Licht und Luft in die Wohnhäuser bringen soll. Die Gestaltung der einzelnen Wohnzeilen mit Giebeldächern, Traufgesimsen, Segmentbogenfenstern und spitzbogigen Portaleingängen folgt wiederum historistischen Formprinzipien.[45]

Die Bebauung „Alte Heide" führt zu einer raschen Ansiedlung von kath. Gläubigen im nördlichen Schwabing, so dass die Gemeinde der 1920 gegründeten Kuratie St. Sylvester beigeordnet wird.[46] Ab 1922 finden Gottesdienste zunächst in der Waschküche des Konsumgebäudes der „Alten Heide" an der Echinger Straße 25 statt.[47] Im August 1923 erwirbt Stadtpfarrer Ernst Fiedler[48]

links
Römisch-katholische Allerseelenkirche an der Ungererstraße, ca. 1958

41 Hans Grässel (1860–1939) hat als Architekt und Baubeamter unter anderem bedeutende Friedhofs- und Schulanlagen in München geschaffen.
42 R. A. Linhof, Die Kultur der Münchener Friedhofs-Anlagen Hans Grässels, München 1918, S. 8.
43 Theodor Fischer (1862–1938) studierte unter Friedrich Thiersch Architektur in München und prägte zwischen 1893 und 1901 maßgeblich die Stadtplanung Münchens bis er als Hochschullehrer nach Stuttgart berufen wurde.
44 Sophie Wolfrum, Alexandra Block, Markus Lanz, Franz Schiermeier (Hrsg.), Theodor Fischer Atlas – Städtebauliche Planungen München, München 2012, S. 254.
45 Steffen Krämer, „‚Mythos Kunststadt' – Architektur der zwanziger Jahre in München", in: Münchner Moderne. Kunst und Architektur der zwanziger Jahre, München/Berlin 2002, S. 10–35.
46 Seit 1935 ist die Kuratie von St. Sylvester losgelöst und eigenständig und wird 1936 zur Pfarrei erhoben. Siehe: Wolfgang Kaehs, Manfred Lamberty, Johannes Oberbauer, 50 Jahre Pfarrkirche Allerheiligen, Horb am Neckar 2007, S. 4.
47 Ebd.
48 Ernst Fiedler (1883–1927) war ab 1921 Pfarrer bei St. Sylvester in München, siehe: Kritische Online-Edition der Tagebücher Michael Kardinal von Faulhabers (1911–1952). Verfügbar unter: https://faulhaber-edition.de/03697. Letzter Zugriff am 24. November 2022.

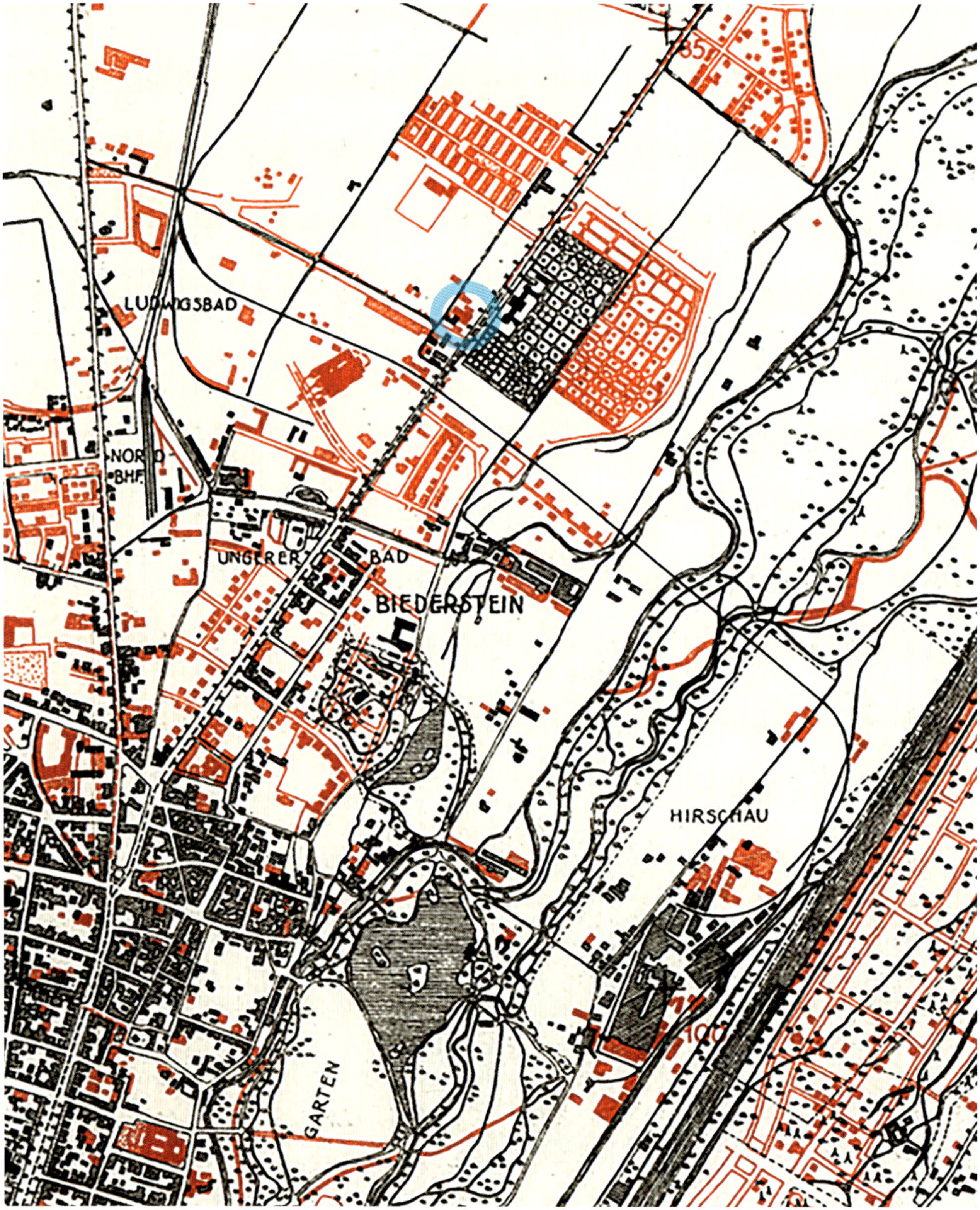


Max Megele, Karte zur baulichen Entwicklung der Stadt München 1908–1933 (Ausschnitt mit Standort Allerseelenkirche), 1933

– inmitten der Inflationszeit – ein Gärtnergrundstück in der Ungererstraße 131 und richtet im 72 m² großen Pflanzenkeller des Gärtnerhauses, welches zwischen 1910 und 1914 errichtet wurde, eine Notkirche ein.[49] Der Kauf des Grundstücks wird in bar mit Dollar bezahlt, die Kardinal Faulhaber von seiner Amerikareise mitgebracht hatte. Als die Stadtgemeinde den Bau der Grundschule durch Hans Grässel an der Fröttmaninger Straße beschließt, errichtet die Pfarrei St. Sylvester im Dezember 1926 die Kirchenstiftung „Allerseelen"[50] und im Mai 1927 den Seelsorgebezirk „Allerseelen" mit Kurat Ludwig Huber.[51] Dieser bezieht daraufhin das Gärtnerhaus an der Ungererstraße als Wohnhaus, Büro und Pfarreibibliothek. Im Mai 1928 wird der Beschluss zu einem Kirchenbau auf dem besagten Grundstück gefasst.[52] Für den Bau wird auch das nördlich gelegene Nachbarflurstück erworben.

## Der zweistufige Kirchenentwurf von Richard Steidle

Der spätere Architekt der Allerseelenkirche, Richard Steidle, war der örtlichen Kuratie durch seinen früheren Entwurf für den – letztendlich nicht von ihm ausgeführten – Erweiterungsbau von St. Sylvester von 1924 bekannt, aus der die Filiale Allerseelen entstanden ist.[53]

Ein früher Plan von Steidle[54] von ca. Ende 1928 zeigt den Baugrund der Allerseelenkirche als Teil einer größeren städtebaulichen Planung der Ungererstraße gegenüber des Nordfriedhofs. Der Bauplatz befindet sich durch die Rückversetzung an einer Ecke der geplanten Blockrandbebauung, sodass in der Planbeschriftung eine Analogie zur (spätbarocken) Damenstiftskirche in der Münchner Innenstadt gezogen wird, die sich in einer ähnlichen Randbebauung befindet. Unterhalb des Plans ist in Sütterlinschrift notiert:

> „Baugrund: Allerseelenkirche
> Wegen des analogen Falles wurde das Fassadenschema der Damenstiftskirche angenommen, in Wirklichkeit müsste eine moderne Lösung angestrebt werden!"[55]

Auf diesen Vermerk Steidles im allerersten Plan zur Allerseelenkirche und dessen historische Einordung wird am Ende des nachfolgenden Kapitels noch genauer eingegangen. Die auf dem Plan von 1928 gezeigte Fassade ist tatsächlich der Damenstiftskirche entlehnt mit danebenstehendem Turm im hinteren Bereich des Grundstücks.[56] Die nahtlose Einfügung in die als städtebauliche Abgrenzung

49 Wolfgang Kaehs, Manfred Lamberty, Johannes Oberbauer, 50 Jahre Pfarrkirche Allerheiligen, Horb am Neckar 2007, S. 4.

50 Stiftungsbrief der kath. Pfarrei Allerseelen in München, 30. Mai 1936, Archiv des Erzbistums München und Freising. Der Name „Allerseelen" wurde von Kardinal Faulhaber mit Rücksicht auf den nahegelegenen Friedhof gewählt. Siehe: Wolfgang Kaehs, Manfred Lamberty, Johannes Oberbauer, 50 Jahre Pfarrkirche Allerheiligen, Horb am Neckar 2007, S. 4. – Weitere Informationen zur Allerseelenkirche befinden sich vermutlich in den Tagebüchern von Faulhaber. Die dafür relevanten Jahrgänge 1920 bis 1929 werden 2023 bis 2025 aus der Gabelsberger-Kurzschrift transkribiert und in der Kritischen Online-Edition der Tagebücher Michael Kardinal von Faulhabers (1911–1952) veröffentlicht werden.

51 Ludwig Huber (1894–1977) war ab 1921 Hilfspriester in St. Sylvester, bevor er Kurat bei der Alte Heide-Allerseelen wurde, siehe: Kritische Online-Edition der Tagebücher Michael Kardinal von Faulhabers (1911–1952). Verfügbar unter: https://faulhaber-edition.de/23164. Letzter Zugriff am 23. November 2022. Eine Stiftungstafel in der Röm.-kath. Allerheiligenkirche erinnert an sein Wirken bei der Errichtung der Allerseelenkirche und der Röm.-kath. Allerheiligenkirche.

52 Brief an den Kurat Ludwig Huber vom 18. Januar 1929, Archiv des Erzbistums München und Freising.

53 Sibylle Appuhn-Radtke, Zwei Kirchen unter einem Dach: St. Sylvester in München Schwabing – 800 Jahre Geschichte, Kunst und Kultur, München 2020, S. 46.

54 Der undatierte und unsignierte Plan konnte von der Autorin aufgrund des vorgeschlagenen Projekts, dem zusammenhängenden Schriftverkehr im Archiv des Erzbistums München und Freising sowie der Handschrift eindeutig Steidle zugeordnet werden.

55 Undatierter Plan auf Transparentpapier, Akte BB011-186, Archiv des Erzbistums München und Freising.

56 Eine Verbindung mit der Damenstiftskirche besteht im Schaffen Steidles dadurch, dass in der von ihm vorher entworfenen Kirche St. Franziskus in Untergiesing ein Gnadenaltar aus der Damenstiftskirche stammte.

zum Friedhof geplante vierstöckige Häuserflucht wurde von Weihbischof Johann Baptist Schauer[57] abgelehnt, da „dies wohl für eine Anstaltskirche angängig wäre, nicht aber für eine Pfarrkirche“[58]. Schließlich einigt sich die Ortskirchenverwaltung aufgrund der beschränkten finanziellen Mittel darauf, zunächst eine Unterkirche und in den darauffolgenden 4 bis 5 Jahren eine Oberkirche zu bauen, während der Unterbau weiterhin zu Vereinszwecken dienen sollte. Diese vertikale Raumanordnung ist beispielsweise bereits im Bürgersaal in der Münchner Fußgängerzone zu finden, bei dem Ende des 19. Jahrhunderts die Halle im Erdgeschoss in eine Unterkirche umgestaltet wurde.[59]

Im Dezember 1928 beschließt die katholische Gesamtkirchenverwaltung, das Projekt von Steidle anzunehmen, jedoch solle mit 85 000 Reichsmark zunächst nur die Unterkirche ausgeführt und je nach finanzieller Möglichkeit auch das Kuratenhaus für 50 000 RM gebaut werden.[60]

Bereits im Januar 1929 liefert Steidle umfangreiche Pläne für den Bau der Allerseelenkirche auf dem Grundstück an der Ungererstraße 131.[61] Das Bauwerk ist darin von Anfang an in zwei Bauabschnitten geplant, gekennzeichnet mit „vorläufige Ausführung“ als Unterkirche und „spätere Ausführung“ als Oberkirche. Steidle schlägt ein symmetrisches, T-förmiges Ensemble aus Kirche mit dem Haupteingang zur Ungererstraße sowie Mesnerhaus (Norden) und Pfarrhaus (Süden) im hinteren Teil des Grundstücks als niedrigerer Querriegel zur Gesamtkirche vor. Der auf dem Grundstück mittig platzierte Kirchenbau wird an der Straßenseite beidseitig von zwei Arkadenflügeln flankiert, die an die Baulinien der zukünftigen Nachbarbebauungen anschließen sollen. Die symmetrisch aufgebaute Fassade des Entwurfs ist zur Ungererstraße hin geprägt von einem großen Kruzifix, zwei schmalen Rundbogenfenstern, dem mittigen Eingang und dem Dachreiter. Das Satteldach und die vorgesehenen Ecklisenen erinnern an die Giebelseiten der Siedlung „Alte Heide“ von Theodor Fischer, für deren Gläubige die Kirche erbaut werden soll. Die Fassaden auf den Längsseiten weisen in regelmäßigen Abständen Bogenfenster auf und Rundfenster im oberen Bereich des schmaleren Chorvolumens, an das die Nebengebäude direkt anschließen. Für das Untergeschoss sind dreigeteilte, rechteckige Fenster im liegenden Format vorgesehen, wie sie im Heimatschutzstil angewendet werden.

Durch den Haupteingang wird der Vorraum betreten, von dem aus man über zwei entgegengesetzte Winkeltreppen in die Oberkirche gelangen kann. Hinter dem Vorraum führen drei Stufen hinab in die „Katakombenkirche“, einen dreischiffigen Raum von 4,39 Meter Höhe, der mittels Klapptüre in Jugendsaal und Gruppenraum unterteilt werden kann. An den rechteckigen Bau sind als zusätzliche kleine Volumen auf der Nordseite Herrentoiletten und auf der südlichen Seite Damentoiletten angeschlossen. Der Chorraum ist schmaler und nimmt nur

57 Johann Baptist Schauer (1872–1942) war seit 1928 Weihbischof des Erzbistums München und Freising, siehe: Kritische Online-Edition der Tagebücher Michael Kardinal von Faulhabers (1911–1952). Verfügbar unter: [https://faulhaber-edition.de/23056] Letzter Zugriff am 10. Dezember 2022.

58 [ohne Autor], Chronik der Allerseelenkirche ca. 1950, Privatarchiv Manfred Lamberty München.

59 Lothar Altmann, Der Bürgersaal in München, Lindenberg im Allgäu 2018, S. 7.

60 Brief an Kurat Ludwig Huber vom 18. Januar 1929, Archiv des Erzbistums München und Freising.

61 Sämtliche Pläne sind in der Lokalbaukommission München in der Zentralregistratur vorhanden.

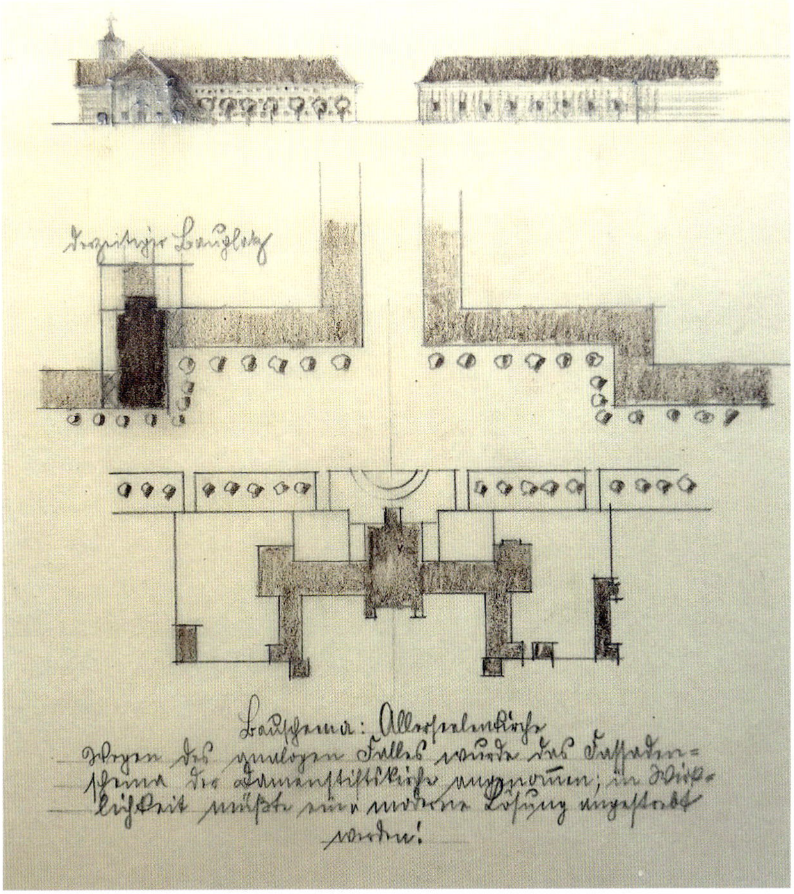

Richard Steidle, erster Plan zum Baugrund der Allerseelenkirche, 1928

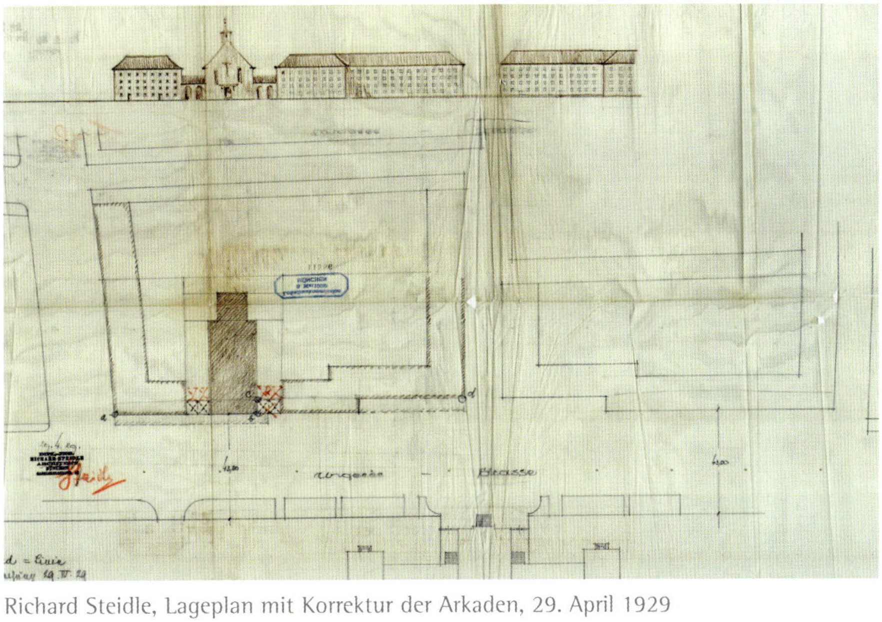

Richard Steidle, Lageplan mit Korrektur der Arkaden, 29. April 1929

die Breite des mittleren Hauptschiffs ein. An den Ecken der Ostwand befinden sich im Innenraum zwei Konchen, die nicht aus der Fassade heraustreten. Die Decke der Unterkirche bzw. der Boden der Oberkirche wurden als Dahmit-Decke aus Hohlsteinen geplant. Zwischen den Rundbogenfenstern der Seitenfassaden werden im Innenraum Szenen aus dem Leidensweg Jesu als Wandbilder angedeutet. Im Gegensatz zum Untergeschoss ist die Oberkirche dank 90 cm breiten, vermauerten Eisenbetonpfeilern stützenfrei geplant und bietet 530 Sitzplätze. Der Chorraum ist um drei Stufen erhöht und mit einem Stichkappengewölbe überdeckt. Der Segmentbogen der Längstonne als Hauptüberdachung wird von zwei kleineren Tonnen gestützt und durch einen eisernen Zuganker zusammengehalten. Die gewählte Dachkonstruktion, eine zweifach hochgezogene Tonne aus Holz, orientiert sich an Formen in Oberitalien („soffitto a carena di nave") aus dem späten Mittelalter.[62] Als erste Kirche mit diesem Dachwerk im 20. Jahrhundert in Deutschland wurde die Ottokirche von Otho Orlando Kurz[63] in Bamberg zwischen 1912 und 1914 gebaut. Auch German Bestelmeyer[64] verwendet in seinem Entwurf für die evangelische Friedenskirche in Nürnberg (1916–1928) eine ähnliche Dachkonstruktion, dort als dreifach hochgezogene Tonne aus Holz nach spätmittelalterlich-oberitalienischem Vorbild mit Kaseinfarben bunt bemalt.[65] Es ist nicht belegt, ob Steidle den Entwurf von Kurz oder Bestelmeyer kannte, oder ob die Architekten dieser Zeit ihre Referenz direkt aus dem damaligen Standardwerk „Die Geschichte des Dachwerks" (1908) von Friedrich Ostendorf entnahmen. Darin wird die „über dem Mittelschiff der Kirchen mehrfach eine gewölbte ins Dach hineinragende Holzdecke" anhand italienischer Beispiele beschrieben und darauf hingewiesen, dass „diese offenen Dachwerke Italiens, deren älteste im 14. Jahrhundert entstanden sein mögen, auf germanischen Einfluss zurückzuführen […] sind".[66] Der nationale Aspekt in der Rezeption des Mittelalters rückt seit dem 19. Jahrhundert im Zuge des aufkommenden Nationalismus immer mehr in der Vordergrund.[67] Ein – vermeintlich – „germanischer Stil" stößt in der aufkommenden politischen Ideologisierung im ersten Drittel des 20. Jahrhunderts auf besonderes Interesse derjenigen, die sich ohnehin schon traditionelleren Bauformen zuwenden.

Es erscheint jedoch naheliegend, dass Steidle zumindest Kurz und dessen Werke kannte, da beide in München zur gleichen Zeit Architektur studiert hatten.[68] Im selben Jahr wie St. Franziskus von Steidle wird St. Gabriel von Kurz 1926 in München geweiht und besonders letztere Kirche als „Münchens erster moderner Kirchenbau stieß auf positive Resonanz in den einschlägigen Fachzeitschriften, die den Bau mit reichlich Bildmaterial vorstellten"[69]. Der Kunsthistoriker Georg Lill lobt St. Gabriel unter allen fünf im gleichen Jahr geweihten Kirchen[70] als „fortschrittlichsten Kirchenbau der jüngsten Zeit in München" und als „modern, ohne die traditionelle Verbundenheit zu leugnen"[71].

62 Beispiele für Kirchen mit ähnlichen Dachstühlen sind unter anderem: S. Zeno (14. Jh.) und S. Fermo (14. Jh.) in Verona, S. Stefano (15. Jh.) in Venedig, Basilika Santa Maria Assunta (16. Jh.) von Aquileia.

63 Otho Orlando Kurz (1881–1933) studierte an der Technischen Hochschule München Architektur und arbeitete unter anderem als Praktikant bei Friedrich von Thiersch und Hans Grässel. Er baute vor allem zahlreiche Wohnungsanlagen in München. Siehe: Sebastian Multerer, Julian Wagner (Hrsg.), Otho Orlando Kurz, Zürich 2017.

64 German Bestelmeyer (1874–1942) studierte an der Technischen Hochschule bei Friedrich von Thiersch und an der Wiener Akademie der Bildenden Künste. Er realisierte zahlreiche Bauten im süddeutschen Raum und war ab 1933 hochrangiges Mitglied der NSDAP. Zur Rezeption seiner Sakralbauten siehe: Holger Brülls, Neue Dome – Wiederaufnahme romanischer Bauformen und antimoderne Kulturkritik im Kirchenbau der Weimarer Republik und der NS-Zeit, Berlin 1994.

65 Franz Hauner, Licht, Luft, Sonne, Hygiene. Architektur und Moderne in Bayern zur Zeit der Weimarer Republik, Berlin 2021, S. 123.

66 Friedrich Ostendorf, Die Geschichte des Dachwerks, Leipzig 1908, S. 155.

67 Holger Brülls, Neue Dome – Wiederaufnahme romanischer Bauformen und antimoderne Kulturkritik im Kirchenbau der Weimarer Republik und der NS-Zeit, Berlin 1994, S. 181.

68 Sowohl Kurz als auch Steidle sind im Sommer 1904 im Personalstand der Königlich Bayerischen Technischen Hochschule verzeichnet und in ihrer Ausbildung von Friedrich von Thiersch geprägt. Siehe: Personalstand der Königlich Bayerischen Technischen Hochschule zu München im Wintersemester 1904/1905.

69 Franz Hauner, Licht, Luft, Sonne, Hygiene. Architektur und Moderne in Bayern zur Zeit der Weimarer Republik, Berlin 2021, S. 101.

70 St. Canisius, St. Franziskus, St. Gabriel, St. Korbinian, St. Sylvester wurden alle 1926 in München geweiht.

71 Georg Lill, „Zu den neuen Kirchen Münchens", in: Die Christliche Kunst 1926/1927, S. 322–347, hier S. 347.

Richard Steidle, Perspektive der Allerseelenkirche von der Ungererstraße, Januar 1929

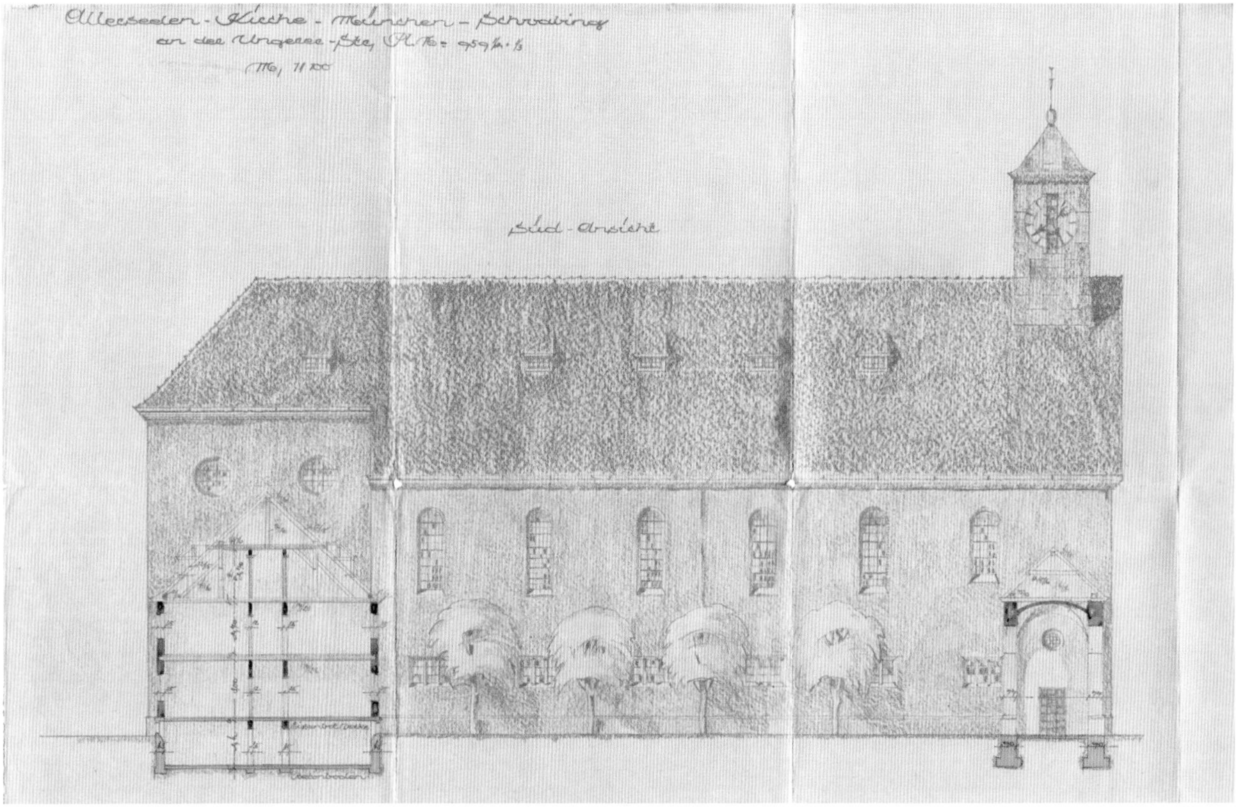


Richard Steidle, Südansicht der Allerseelenkirche, Januar 1929

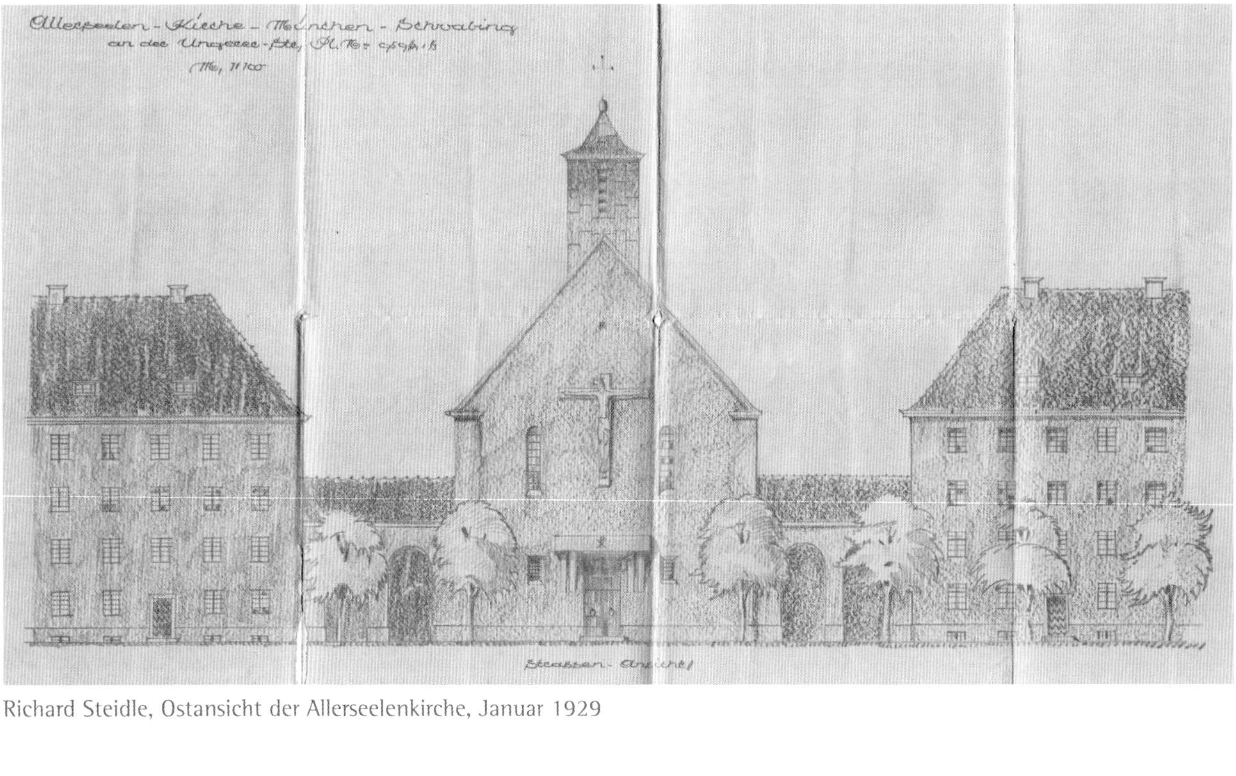


Richard Steidle, Ostansicht der Allerseelenkirche, Januar 1929

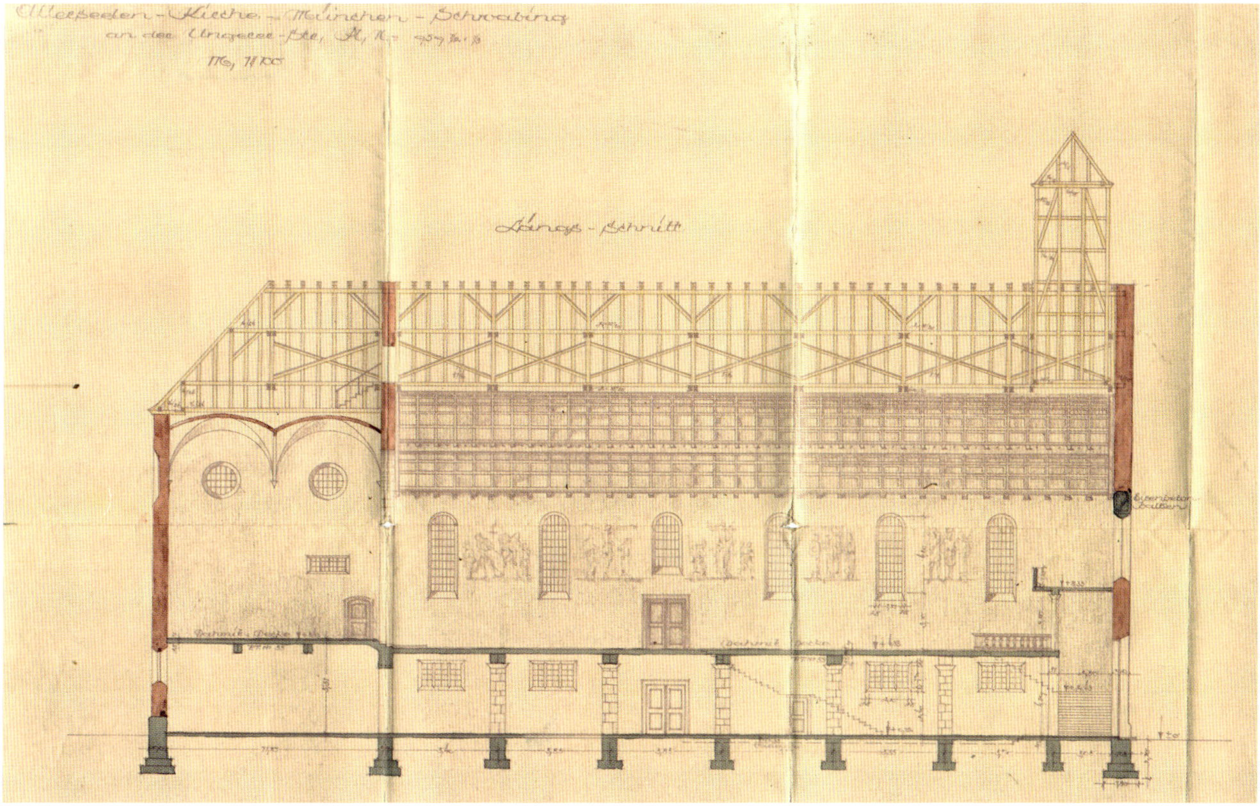

Richard Steidle, Längsschnitt der Allerseelenkirche, Januar 1929

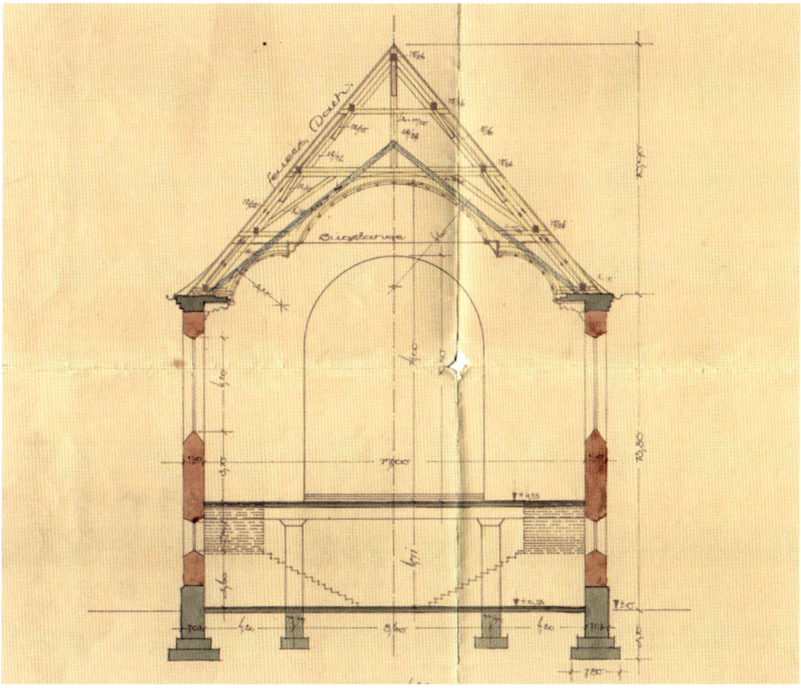

Richard Steidle, Querschnitt der Allerseelenkirche mit „carena di nave“, Januar 1929

Richard Steidle, Skizzen eigener Kirchenentwürfe, ca. 1956

Mit dem Gesamtplan der Allerseelenkirche zeigt Steidle erstmals einen nicht barockisierenden Entwurf in seinem Werk.[72] Steidle orientiert sich stattdessen stilistisch teilweise an den umliegenden Bauwerken des Nordfriedhofs mit italienischen Vorbildern und der Siedlung „Alte Heide" von Theodor Fischer. Auch entspricht Steidles Entwurf dem Kirchenbauprogramm von Kardinal Faulhaber der Zeit, das sich architektonisch dem „modern-münchnerischen Stil" der Wohnsiedlungen anpasste.[73]

Bereits 1927 macht Georg Lill die Feststellung, dass in Deutschland „ein neuer profaner Baustil nicht nur entsteht, sondern schon vorhanden ist"[74]. Allein das Volumen des Langhauses mit Rundbogenfenster der Oberkirche weist eine gewisse Ähnlichkeit mit der zuvor von ihm entworfenen und zwischen 1928 und 1929 errichteten Kirche St. Joseph in Tutzing[75] auf, jedoch wird der Chor auf gleicher Höhe des Dachstuhls in der Allerseelenkirche weitergeführt. In der Allerseelenkirche finden sich außerdem Elemente, die Steidle von seinem nicht ausgeführten Entwurf für St. Sylvester von 1924 übernimmt, wie beispielsweise die Pfeilervorhalle der Notkirche sowie die eher schlichte Straßenfront der Oberkirche mit Satteldach. Auffällig ist der als Dachreiter konzipierte Turm, der sich typologisch eher an den Kapellen der Voralpenregion orientiert, in der Steidle auch vereinzelt Kapellen realisiert. Die Überdachung als einfache Rundtonne von St. Achaz in München-Mittersendling (1927) ist in der Allerseelenkirche (1929) durch die zweifach hochgezogene Tonne nochmals gesteigert. Gleichzeitig nimmt der Entwurf der Oberkirche Elemente vorweg, die später in der Kirche Heilige Familie in München-Harlaching umgesetzt werden. Die Kirche Heilige Familie (1931) gilt in der bisherigen Rezeption von Steidles Werk als sein erstes Bauwerk im Stil des Neuen Bauens – eine Einordnung die angesichts der bisher unbekannten Pläne der Oberkirche zumindest in Frage gestellt werden kann.

Die von spröder neoklassizistischer Einfachheit geprägte Unterkirche von Steidle besteht im Entwurf aus einem einfachen, eingeschossigen Volumen mit Flachdach. Die Ostseite zur Straße ist charakterisiert durch sechs rechteckige Pfeiler. Die äußersten sind leicht verbreitert sowie mit einem kleinen Kapitell und Natursteinplatten verkleidet, die einen schmalen Portikus als offenen Eingangsbereich bilden. Die Attika ist stark formalisiert. Im Portikus zwischen den zwei Eingängen ist die Inschrift „Ego Sum Via Veritas Et Vita" („Ich bin der Weg, die Wahrheit und das Leben") aus einer Bildrede von Jesus aus dem Johannesevangelium zu erkennen und darunter mittig ist eine Jesus-Figur vorgesehen. Ein kurzer Glockenturm befindet sich auf der Westseite, während die Ostseite zur Straße hin ein schlichtes Kreuz tragen soll. Das Dach wird – bis zum Weiterbau – durch ein 1,2 Meter hohes aufgesetztes Kranzgesims abgeschlossen. Die Fenster der Seitenfassaden sind als „Wagnerfenster" (Verbundfenster) mit Bleifugen und weißen

72 Das Wiederaufleben des Barock als Stilrichtung im ersten Viertel des 20. Jahrhunderts ist im süddeutschen Raum markiert durch den Bau der Josephskirche (1898–1902) vom Architekten Hans Schurr in Schwabing. Siehe: Georg Lill, „Zu den neuen Kirchen Münchens", in: Die Christliche Kunst 1926/1927, S. 322–347.

73 Franz Hauner, Licht, Luft, Sonne, Hygiene. Architektur und Moderne in Bayern zur Zeit der Weimarer Republik, Berlin 2021, S. 102.

74 Georg Lill, „Zu den neuen Kirchen Münchens", in: Die Christliche Kunst 1926/1927, S. 322–347, hier S. 332.

75 Steidle hatte den Auftrag in Tutzing wohl durch gute Kontakte bei den „maßgeblichen Kirchenbehörden" bekommen und im Oktober 1926 Pläne der Kirchengemeindeversammlung vorgelegt. Siehe: Festschrift zum 50-jährigen Jubiläum der Pfarrkirche St. Joseph, Tutzing 1978.

Antikglasscheiben konzipiert. Im Inneren ist der vorläufige Unterbau eine dreischiffige Hallenkirche mit einer Raumhöhe von 5,00 Meter. Die Realisierung der Unterkirche wird im folgenden Abschnitt weiter ausgeführt.

### Die gebaute „Unterkirche" als Notkirche

Nach Einreichen der Baupläne für die Allerseelenkirche beginnt in der Lokalbaukommission eine mehrere Monate anhaltende Debatte über eine Versetzung der betroffenen Baulinien an der Ungererstraße. Im März 1929 wird daher im Stadtrat die Neuorganisation der Trambahnhaltestelle zur besseren Regelung des Verkehrs vor dem Nordfriedhof diskutiert.[76]

Wenige Tage später beruft sich das Hochbauamt auf das Bebauungsschema für die Ungererstraße von Max Megele, Abteilung Stadterweiterung, aus dem Mai 1926, das durch den Kirchenbau eine Beeinflussung erfahren und zu einem Verzicht der einheitlichen Dachlinie führen würde.[77] Megeles Bebauungsschema sieht für die westliche Straßenseite der Ungererstraße im Abschnitt Schenkendorfstraße bis Fröttmaninger Straße eine 4-geschossige Blockrandbebauung mit Arkadenfenstern im Erdgeschoss vor, die vor dem Friedhofsgebäude leicht zurückversetzt wird. Die zentrale Straßenachse gegenüber des Nordfriedhofs, in Megeles Bebauungsschema als „Boltzmann-Straße" gekennzeichnet, stimmt mit der gewünschten städtebaulichen Planung von Theodor Fischer überein.[78]

Ende April 1929 wird aufgrund der Unklarheiten bei den Baulinien von der Lokalbaukommission zunächst keine Genehmigung zum Bau erteilt. Am 24. April kommt es zu einer Ortsbesichtigung, an welcher Vertreter des Bauunterausschusses im Stadtrat, der Polizeidirektion und der beteiligten Stadtreferate teilnehmen. Kurz darauf werden die Baulinien der Kirche an der Ungererstraße von den bisherigen 43,50 Meter nochmals angepasst und zurückversetzt, so dass die Ungererstraße eine Breite von 47,50 Meter aufweisen kann.[79] Der betroffene Streifen des Grundstücks an der Ungererstraße muss an die Stadtgemeinde abgetreten werden. Um zu vermeiden, dass es durch nochmalige Änderungen zu einer „architektonisch unbefriedigenden"[80] Situation mit sichtbaren Brandwänden bei den die Kirche flankierenden Arkaden kommt, sollen diese erst zu einem späteren Zeitpunkt bündig an die Nachbarbauten realisiert werden, wenn die Baulinien auf dem Abschnitt gegenüber des Nordfriedhofs an der Ungererstraße festgelegt sind.[81]

Im gleichen Zeitraum äußert der Stadtrat Bedenken gegenüber dem fehlenden Dachstuhl der Unterkirche, so dass die Kirchenverwaltung Anfang Mai beschließt, der zu erbauenden Unterkirche einen Dachstuhl aufzusetzen. Indes stellt die Kirchenverwaltung durch Ludwig Huber klar:

76 Abschrift der Polizeidirektion München an den Stadtrat, 02. März 1929, Zentralregistratur München.
77 Abschrift Hochbauamt München, 05. März 1929, Zentralregistratur der Lokalbaukommission München.
78 Durch die rasche Ansiedlung von Steinmetzateliers gegenüber des Nordfriedhofs in der ersten Hälfte des 20. Jahrhunderts ist das Bebauungsschema von Megele bis heute nicht umgesetzt. Auch die geplante Boltzmann-Straße als städtebauliche Achse gegenüber der Aussegnungshalle existiert bis heute nicht. Siehe: Sophie Wolfrum, Alexandra Block, Markus Lanz, Franz Schiermeier (Hrsg.), Theodor Fischer Atlas – Städtebauliche Planungen München, München 2012, S. 255.
79 Lageplan vom 30. April 1929 des Architekten Richard Steidle, Zentralregistratur der Lokalbaukommission München.
80 Bauinstandsverhandlungen Lokalbaukommission München, gezeichnet Bürgermeister Dr. Hans Küfner, 27. April 1929, Zentralregistratur München.
81 Gutachten des Bauunterausschusses vom 02. Mai 1929, Zentralregistratur der Lokalbaukommission München.

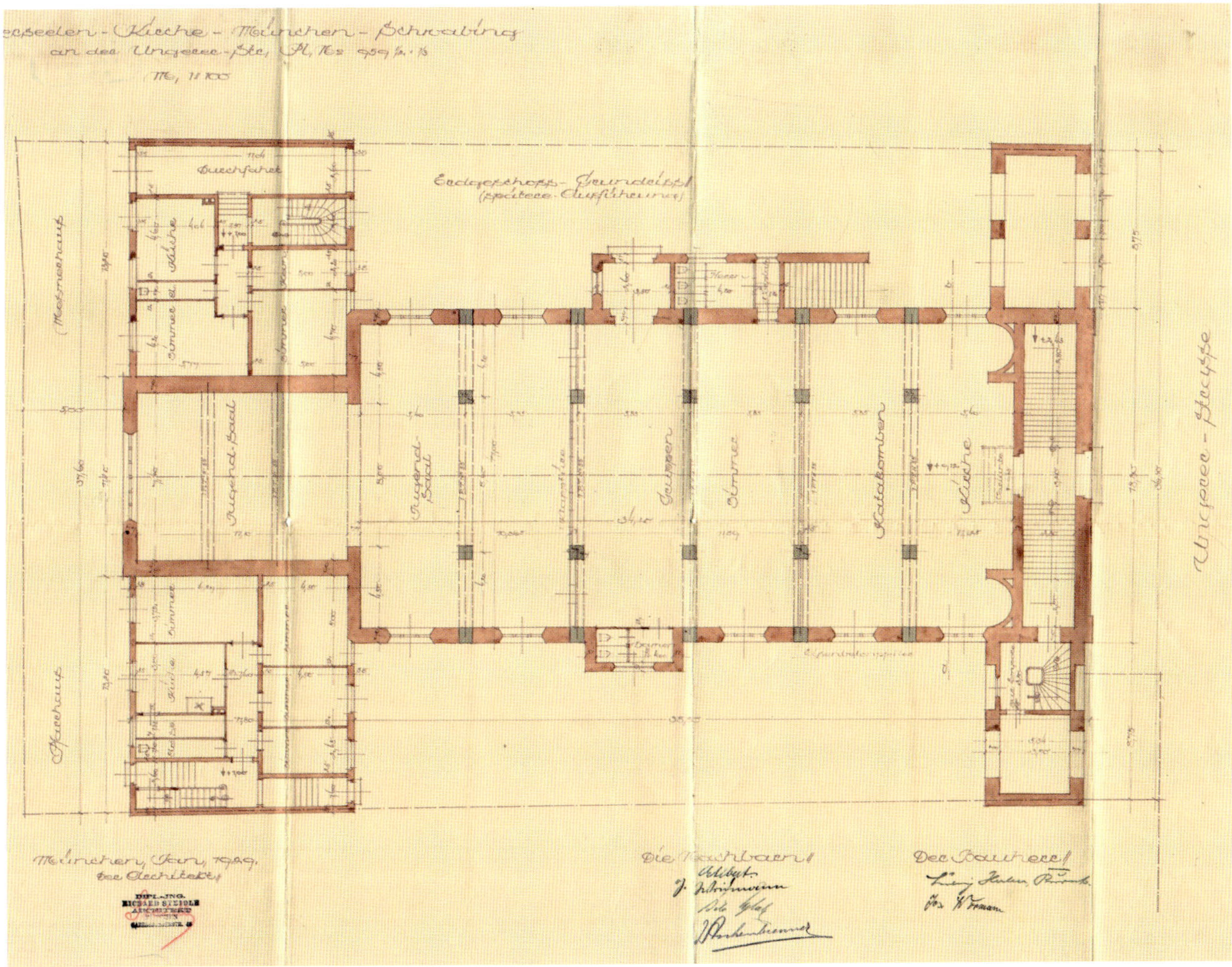

Richard Steidle, Grundriss der Unterkirche, Januar 1929

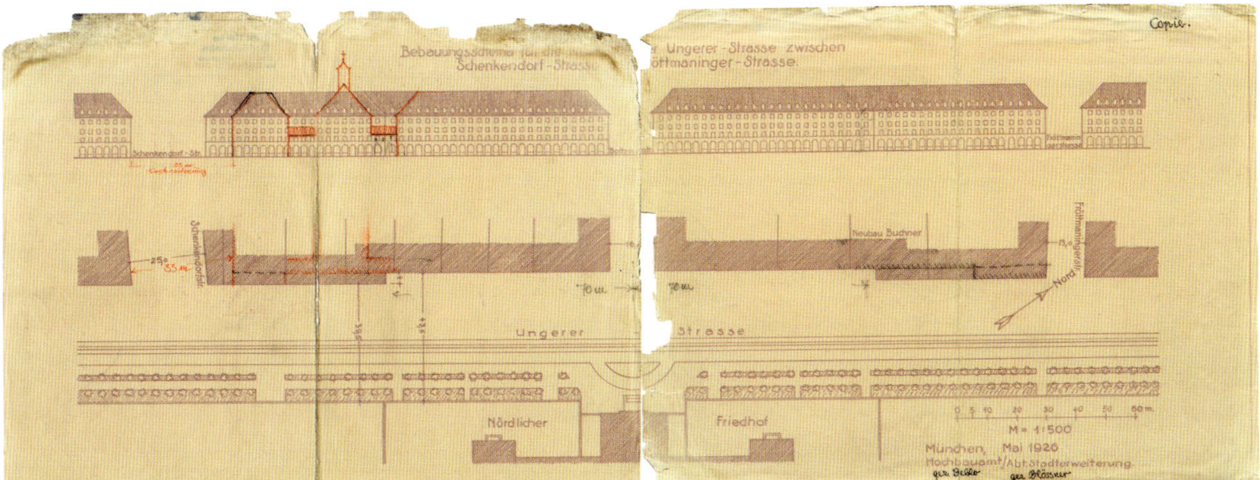


Max Megele, Bebauungsschema für die Ungererstraße, Mai 1926, mit roter Einzeichnung der Allerseelenkirche, 1929

Richard Steidle, Ost- und Südansicht der Unterkirche mit Flachdach, Januar 1929

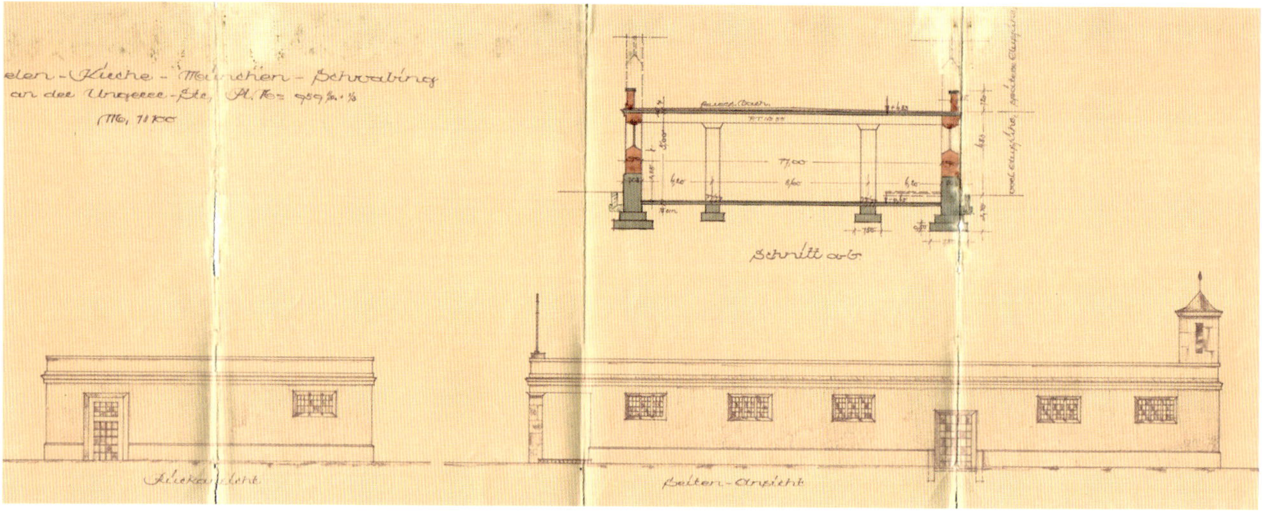


Richard Steidle, West- und Nordansicht sowie Schnitt der Unterkirche mit Flachdach, Januar 1929

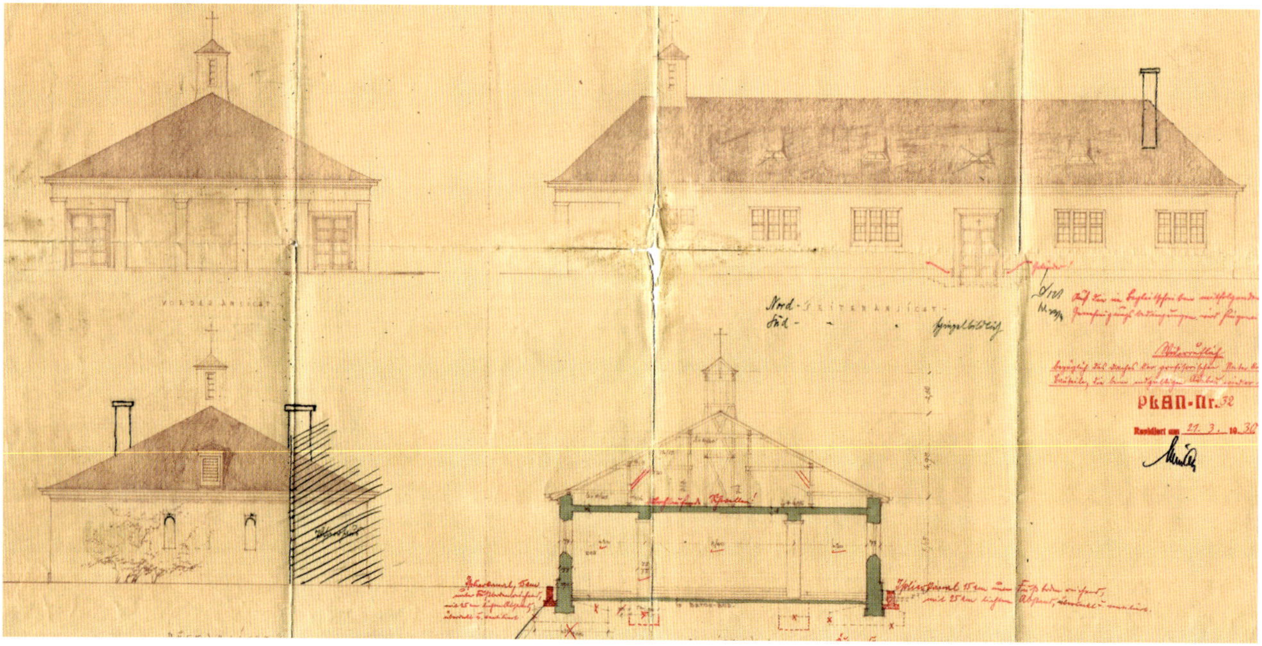


Richard Steidle, überarbeitete Pläne der Unterkirche mit Walmdach, September 1929

> „Es sei hierzu bemerkt, dass keineswegs mangelndes Kunstverständnis der Grund war, warum kein Dach ursprünglich vorgesehen wurde, sondern der leitende Gedanke der Kirchenverwaltung war: je mehr die Kirche den Eindruck eines Provisoriums macht – und das soll sie ja sein – desto eher besteht Aussicht, dass die Kirche fertig gebaut und etwas Ganzes geschaffen wird.“[82]

Bereits im Juni 1929 beauftragt Steidle den Ingenieur Franz Ostermaier, die Belastung der Decke der Unterkirche durch ein Walmdach mit Dachreiter zu untersuchen.[83] Ostermaier hatte zuvor im März 1929 einen Ingenieursplan mit Berechnungen für den Dachstuhl der Oberkirche geliefert.[84] Ein zusätzlicher Plan von Steidle vom September 1929 zeigt, dass das entsprechend für den späteren Weiterbau der Oberkirche vorgesehene Flachdach der Unterkirche nun durch ein Walmdach mit hölzernem Dachstuhl in Ständerbauweise und kleinem, mit Schindeln bedeckten Glockenturm als Dachreiter auf der Ostseite ersetzt wurde. Der Eingriff des Stadtrates in den Entwurf durch das Aufzwingen einer traditionelleren Formensprache im Volumen – Walmdach anstatt Flachdach – zeugt anhand dieses konkreten Beispiels von einer „kalkulierten Abwehrstrategie, die moderne Einflüsse unterschiedlichster Art von München fernzuhalten versuchte“[85].

Aufgrund der begrenzten finanziellen Mittel der Gesamtkirchengemeinde wird ab 30. Mai 1929 mit der Grundsteinlegung durch Weihbischof Johann Baptist Schauer zunächst nur die „Unterkirche“ errichtet. Die Baukosten betragen zu der Zeit 105 000 RM. Weitere 40 000 RM kommen für die Innenausstattung hinzu. Ausführende Baufirma ist „Denzinger & Sohn“[86], die vor allem in Milbertshofen tätig war.[87]

Mitte Juni 1929 wird von der Lokalbaukommission ein Bauverbot erlassen, weil immer noch Unklarheiten bei den Baulinien zur Ungererstraße herrschen. Am 11. Juli 1929 erfolgt die Genehmigung für den Unterbau von Seiten der Lokalbaukommission.[88] Die Genehmigung des Staatsministeriums für Unterricht und Kultus im Baukunstausschuss bei der Obersten Baubehörde wird am 17. Juli 1929 beschlossen.[89]

Im September 1929 reicht Steidle neue Pläne für den Bau des Pfarrhauses ein. Dieses wird als zwei-geschossiges Volumen mit Dachgeschoss im hinteren Teil des Grundstücks gebaut. Im Erdgeschoss des Pfarrhauses befinden sich Verwaltungsräume für den Pfarrer sowie eine Gemeinschaftsküche mit Speisezimmer für das gesamte Haus, während im Ober- und Dachgeschoss nur Zimmer und Bäder untergebracht sind. Das symmetrisch zum Pfarrhaus angelegte Mesnerhaus wird nicht realisiert.

82 Brief der Kirchenverwaltung an den Stadtrat der Landeshauptstadt München, 02. Mai 1929, Zentralregistratur der Lokalbaukommission München.

83 Franz Ostermaier, Plan zur Verteilung der Einzelbelastung durch den Dachstuhl auf die Hohlsteindecke von 8,60m Spannweite, 27. Juni 1929, Archiv des Erzbistums München und Freising.

84 Franz Ostermaier, Plan zur Statischen Untersuchung vom Dachstuhl und des Kirchenfußbodens (Kellerdecke), 02. März 1929, Archiv des Erzbistums München und Freising.

85 Steffen Krämer, „‚Mythos Kunststadt‘ – Architektur der zwanziger Jahre in München“, in: Münchner Moderne. Kunst und Architektur der zwanziger Jahre, München/Berlin 2002, S. 10–35, hier S. 23.

86 [ohne Autor], „Ein Freudenfest der Kuratie Allerseelen“, Münchner Fremdenblatt Nr. 301, 28. Oktober 1929, Archiv des Erzbistums München und Freising.

87 [ohne Autor], Chronik der Allerseelenkirche, ca. 1950, Privatarchiv Manfred Lamberty.

88 Brief an die kath. Kuratie Allerseelen von der Lokalbaukommission, gezeichnet Rauck, 16. August 1929, Zentralregistratur der Lokalbaukommission München.

89 Bayer. Staatsministerium für Unterricht und Kultus, Neubau der Allerseelenkirche an der Ungererstraße in München, gezeichnet Dr. Korn, 23. Juli 1929, Zentralregistratur der Lokalbaukommission München.

Richard Steidle, Allerseelenkirche, Ansicht von der Ungererstraße, Foto ca. 1940

Hans Frey, Jesus am Kreuz, an der Ostfassade der Allerseelenkirche

Die im Gesamtprojekt der Kirche eingeplanten Anbauten mit Toilettenanlagen sowie die Verkleidung der äußeren Pfeiler am Eingang der Unterkirche mit Steinplatten werden – vermutlich aus Kostengründen –, nicht ausgeführt. Am 27. Oktober 1929 wird der „Unterbau" Allerseelenkirche feierlich von Weihbischof Schauer benediziert, während das bisherige Gärtnergebäude als Pfarrhof dient. Da der Kirchenraum später für Vereinszwecke vorgesehen ist, wird die Kirche nicht konsekriert.

Geschmückt ist die Notkirche an der Eingangsfassade durch ein Kruzifix des Bildhauers Hans Frey, das im Portikus mittig an der Wand angebracht ist.[90] Die prominente aus Holz geschnitzte und farbig gefasste Pietà auf dem Hochaltar sowie Figuren des Hl. Antonius, des Hl. Bruder Konrad, der Hl. Theresia vom Kinde Jesu, ein Herz-Jesu-Bild und eine Mutter-Gottes-Statue stammen vom Bildhauer Franz Scheiber.[91]

In die Fenster wurden kleine farbige Glasgemälde der Glaswerkstätte Josef P. Bockhorni[92] verarbeitet und die Apostelleuchter stammen von den Kunstgewerblichen Werkstätten Spalteneder. Die für die Notkirche angeschaffte Inneneinrichtung sollte auch in der späteren Oberkirche Verwendung finden.[93]

Auffällig an dem Entwurf der Allerseelenkirche ist, dass Steidle 1928 auf dem zeitlich ersten Plan eine „moderne Lösung" für den Bauplatz beschwört und damit die ein Jahr zuvor publizierten Worte Georg Lills aufgreift:

> „Münchner Kirchenbauarchitekten und Münchens Kirchenarchitektur mögen sich an einer modernen Lösung gerade in ihrer Eigenart umfangreicher beteiligen als bisher, nur dann wird auch in kommenden Zeiten München ein Hauptsitz deutscher Kirchenkunst bleiben können."[94]

Steidle steht mit dem Entwurf der Allerseelenkirche im Zeitgeist der Weimarer Republik, in der sich die Architekten vermehrt einer „Moderne", d.h. „sich gegenüber dem Bestehenden als das absolut Neue, Präzedenzlose, als radikaler Bruch mit jeglicher Konvention"[95] zuwenden. Innerhalb dieser Bewegung vertritt Steidle eine eher gemäßigte Position, die eine Übernahme von Neuerungen forderten, die auf breitere Akzeptanz stoßen, ohne die konventionelle Architektur zu sehr zu verändern.[96] Der unausgeführte Entwurf der Allerseelenkirche von Steidle reiht sich zu anderen Münchner Bauten der 1920er Jahre, die eine Synthese von modernen und historisierenden Gestaltungsprinzipen aufweisen und bei denen sich die moderne Architektur im Sinne des Neuen Bauens nicht durchsetzen konnte.[97] Das Herausragende des zweistufigen Gesamtentwurfs liegt vor allem an den

90 Münchner Fremdenblatt Nr. 301, 28. Oktober 1929, Archiv des Erzbistums München und Freising.

91 Franz Paul Scheiber (1875–1942) aus Umhausen war vor allem in München als Bildhauer tätig. Seine Werke sind reich an religiösen Motiven. Eine Mappe mit anonymen Fotografien von Scheibers Arbeiten, u.a. der Pietà, befindet sich in der Sammlung des Gedächtnisspeichers der Ötztaler Museen in Längenfeld. Die Statuen aus der Allerseelenkirche befinden sich zum Teil in Besitz der Röm.-kath. Allerheiligenkirche.

92 Josef P. Bockhorni (1832–1905) gründete 1864 die „Münchner Kunstanstalt Josef Bockhorni". Die Werke aus der Allerseelenkirche sind heute nicht mehr erhalten.

93 Brief der Katholischen Kirchenverwaltung der Allerseelenkirche, vertreten durch Ludwig Huber, an die Kath. Gesamtkirchengemeinde, 21. Februar 1930, Archiv des Erzbistums München und Freising.

94 Georg Lill, „Zu den neuen Kirchen Münchens", in: Die Christliche Kunst 1926/1927, S. 322–347, hier S. 335.

95 Christof Dipper, Moderne, Version 2.0, in: Docupedia-Zeitgeschichte (Stand: 17. Januar 2018) [https://docupedia.de/zg/Dipper_moderne_v2_de_2018] Zuletzt aufgerufen am 28. Dezember 2022.

96 Franz Hauner, Licht, Luft, Sonne, Hygiene. Architektur und Moderne in Bayern zur Zeit der Weimarer Republik, Berlin 2021, S. 12.

97 Steffen Krämer, „,Mythos Kunststadt' – Architektur der zwanziger Jahre in München", in: Münchner Moderne. Kunst und Architektur der zwanziger Jahre, München/Berlin 2002, S. 10-35, hier S. 23.

Richard Steidle, Innenraum der Allerseelenkirche, Foto ca. 1940

Franz Scheiber, Pietà in der Allerseelenkirche, 1929

beiden unterschiedlichen Stilen, die für Unterkirche und Oberkirche angestrebt werden. Während die Unterkirche eine für damalige Münchner Verhältnisse geradezu revolutionäre „moderne" Formensprache wählt, folgt die Oberkirche dem sich letztendlich in den 1930er Jahren flächendeckend durchsetzenden neuromanischen Stil.[98] Steidles moderne Notkirche entsteht kurz vor der berühmten Silvesteransprache von Kardinal Faulhaber im Münchner Liebfrauendom. Darin bezieht Faulhaber klar Position gegen einen Baustil „der Ausstellungshallen und Bahnhofshallen, aber keine Kirchen bauen kann"[99]. Umso erstaunlicher ist es, dass insbesondere der erste Bauabschnitt vom Ordinariat, dem jeder Kirchenneubau vorgelegt werden musste[100], zum Bau freigegeben und sogar vor dem Stadtrat als solcher mit Flachdach verteidigt wurde – wenn auch vergeblich. Es ist denkbar, dass die Planung in zwei Stufen Steidles einzige Chance war, als ersten Bauabschnitt einen wirklich „modernen" Bau in Form der Notkirche vorzuschlagen, da langfristig sowohl für das Ordinariat als auch für die Stadt München ein neuromanischer Bau den Bauplatz prägen würde. Gleichzeitig entspricht der Rückgriff auf die Romanik mit ihren einfach kubischen Formen der vorherrschenden Tendenz der Zeit, den Kirchenbau an die Moderne heranzuführen.[101]

## Nutzung der Notkirche bis 1981

Zu einem Weiterbau des Oberbaus der Allerseelenkirche kommt es aufgrund mangelnder finanzieller Mittel in der einsetzenden Weltwirtschaftskrise und der Machtergreifung durch die Nationalsozialisten in den folgenden Jahren nicht. Im Dritten Reich soll die Ungererstraße als Zufahrtsstraße zur Autobahn auf 80 Meter verbreitert werden, so dass ein Weiterbau der Allerseelenkirche zu der Zeit nicht genehmigt wird. Im September 1939 werden Pläne zum Einbau eines öffentlichen Luftschutzraums für 70 Personen im noch bestehenden Gärtnerhaus, das sich an der südöstlichen Grundstücksecke an der Ungererstraße befindet, von der Sonderabteilung des Stadtbauamts geplant[102] und bis April 1940 umgesetzt.[103] Zuvor hatte es als Haus für die Jugendpflege gedient und sollte durch die vorgesehene Verbreiterung der Ungererstraße abgebrochen werden.[104]

Im Zweiten Weltkrieg fällt die Kirche dreimal Brandbomben zum Opfer. Die Schäden im Dach können jedoch repariert und das Bauwerk damit immer wieder gerettet werden – nur die ursprüngliche Einrichtung geht verloren.[105] Nach dem Krieg wird ein Weiterbau der Kirche hinten angestellt, da zunächst die zahlreichen anderen zerstörten und beschädigten Kirchen in München wiederaufgebaut werden sollen.[106] Im Februar 1946 plant Richard Steidle für das kath. Pfarramt Allerseelen, immer noch unter der der Leitung von Ludwig Huber, den Anbau

98 Franz Hauner, Licht, Luft, Sonne, Hygiene. Architektur und Moderne in Bayern zur Zeit der Weimarer Republik, Berlin 2021, S. 88.
99 Kardinal Michael Faulhaber, Kirche und kirchliche Kunst. Predigt, gehalten am 31. Dezember 1929 im Dome zu Unserer Lieben Frauen in München, in: Die christliche Kunst, 5. Jahrgang, Februar 1930, S. 359.
100 Ebd.
101 Franz Hauner, Licht, Luft, Sonne, Hygiene. Architektur und Moderne in Bayern zur Zeit der Weimarer Republik, Berlin 2021, S. 114.
102 Pläne des Stadtbauamts Sonderabteilung, 17. September 1939, Zentralregistratur der Lokalbaukommission München.
103 Befundanzeige 27. März 1940, Zentralregistratur der Lokalbaukommission München – Akte Ungererstr. 131.
104 Brief der Kath. Gesamtkirchenverwaltung München, vertreten durch Stadler, an die Lokalbaukommission, 14. Juni 1930, Archiv des Erzbistums München und Freising.
105 Wolfgang Kaehs, Manfred Lamberty, Johannes Oberbauer, 50 Jahre Pfarrkirche Allerheiligen, Horb am Neckar 2007, S. 4.
106 Ebd., S. 5.

einer Apsis an die vorhandene Notkirche im Westen hinter dem Altarraum[107]. Die Pläne werden bei der Lokalbaukommission eingereicht und dort genehmigt, jedoch kommt es aus unbekannten Gründen nicht zu deren Umsetzung. Zu der Zeit ist das Gärtnerhaus noch vorhanden. Es wird im Zeitraum zwischen 1946 und 1978 abgerissen.

Im Frühjahr 1950 wird das Vorhaben, die Allerseelenkirche weiterzubauen, wieder aufgegriffen. Zur Vergrößerung des Kirchenraums soll die Kirche, wie schon in Steidles Entwurf vier Jahre zuvor, nach Westen hin erweitert werden. Die dafür von Karl Kergl angefertigten Pläne werden durch ein „Intrigenspiel innerhalb des Bauausschusses der Gesamtkirchengemeinde von der Stadt und vom Ordinariat abgelehnt“[108].

Im Juni 1950 wird ein geschlossener Ideenwettbewerb mit sieben Architekten für einen Kirchenraum mit mindestens 400 Sitzplätzen ausgeschrieben. Das Preisgericht entscheidet sich jedoch für keinen der Beiträge, da der Standort für das Vorhaben als nicht geeignet eingeschätzt wird.[109] Als Begründung wird aufgeführt, dass die Höhendifferenz von 4,5 Meter zur Oberkirche eine Treppe mit fast 30 Stufen bedingt hätte.[110] Im Februar 1951 spricht sich der Stadtbaurat und Architekt Dr. Hans Högg dafür aus, einen „besser geeigneten Platz für diesen Kirchenbau zu wählen“, um „in den Außengebieten wirkliche Dominanten zu schaffen“.[111] Im August 1951 lässt das Erzbischöfliche Baubüro die Erweiterungspläne fallen, da „die Dringlichkeit des Kirchenneubaus nicht gegeben ist“[112].

Als Kardinal Joseph Wendel im Frühjahr 1954 den Münchner Norden besucht, schließt er sich der Meinung des Stadtbaurats an, dass ein Neubau auf einem anderen Bauplatz erfolgen soll. So wird die neue röm.-kath. Kirche mit dem neuen Patrozinium „Allerheiligen“ 1956 nach den Plänen des Architekten Karl Kergl etwas weiter nördlich an der Ungererstraße 187 gebaut und im November 1957 geweiht. Die Verwendung von Steidles ursprünglichen Planungen wird nicht in Erwägung gezogen: Es liegt nahe, dass wegen des neuen städtebaulichen Kontexts eine andere Lösung gesucht wurde – gleichzeitig ist es in der Nachkriegszeit nicht denkbar, architektonische Motive aus der Zeit kurz vor der Machtergreifung der Nationalsozialisten wieder aufzugreifen. Mit dem Neubau auf einem nördlicheren Grundstück verliert der Standort der Allerseelenkirche innerhalb der röm.-kath. Gemeinde an Bedeutung, da die neue Allerheiligenkirche, geografisch näher an der Siedlung „Alten Heide“, Platz für 350 Gläubige bietet und für einen Neuanfang steht.

Schon Ende der 1960er Jahre wird über die Zukunft der Allerseelenkirche mit angrenzendem Pfarrhaus aufgrund ihrer baulichen Mängel – das betrifft insbesondere die Heizung – und wegen ihrer geringen Nutzung durch Gläubige inner-

107 Plan Richard Steidle Januar 1946, Zentralregistratur der Lokalbaukommission München.
108 [ohne Autor], Chronik der Allerseelenkirche ca. 1950, Privatarchiv Manfred Lamberty München; die Pläne von Karl Kergl scheinen nicht mehr erhalten zu sein.
109 „Wettbewerb Allerseelen“ 06. Juni 1950 BB009/3 – 80 Allerheiligen 1946–1980, Archiv des Erzbistums München und Freising und Brief von Baudirektor Schwanhäuser an die Kath. Gesamtkirchenverwaltung, 16. März 1951 München, Archiv der Gr.-Orth. Allerheiligenkirche München; die eingereichten Wettbewerbsbeiträge sind nicht mehr erhalten.
110 [ohne Autor], Chronik der Allerseelenkirche ca. 1950, Privatarchiv Manfred Lamberty München.
111 Brief an Referat Stadtplanung von Högg, 25. Februar 1951, Zentralregistratur der Lokalbaukommission München.
112 Erzbischöfliches Baubüro an die Lokalbaukommission der Landeshauptstadt, 30. August 1951, Zentralregistratur der Lokalbaukommission München.
113 Diverse Akten BB009/3, Archiv des Erzbistums München und Freising.

Altarbereich in der Allerseelenkirche, ca. 1960

Altarbereich der Allerseelenkirche nach Umbauarbeiten, ca. 1978

halb des Erzbischöflichen Ordinariats diskutiert, zunächst jedoch keine Einigung bezüglich der Nutzung gefunden.[113] Nach dem Bau der Allerheiligenkirche weiter nördlich an der Ungererstraße stellt die Allerseelenkirche nur eine „Nebenkirche der Pfarrei" dar mit einer „verhältnismäßig kleinen Gottesdienstgemeinde".[114] Im Herbst 1978 wird ein Umbau und eine Instandsetzung der Kirche diskutiert, bei der die Kirche durch eine Trennwand in zwei Hälften geteilt werden soll, einerseits für die Nutzung als Kirche und andererseits als Versammlungsraum für das Lateinamerika-Kolleg.[115] Dazu lässt die Kirche vom Architekten Michael Pongratz Pläne zur Umgestaltung anfertigen: In seinem Entwurf sollen zusätzliche Eingänge zur Ungererstraße entstehen und sämtliche Fenster ausgetauscht werden.[116] Im Inneren soll der Raum durch Schiebetüren in zwei Bereiche geteilt werden: Im Chorraum eine Werktagskapelle und im restlichen Teil ein Versammlungsraum, der bei Bedarf als Kirche genutzt werden kann. Vorgesehen ist außerdem der Einbau von Toiletten und Teeküche.[117] Mehrere Nutzende der Kirche wenden sich daraufhin schriftlich an Kardinal Ratzinger, um sich für den Erhalt der Allerseelenkirche als Gebetskirche einzusetzen; es kommt im September 1978 auch zu einer Unterschriftenaktion. In der Folge werden die Umgestaltungspläne fallen gelassen. Die Einbeziehung anderer Gemeinden zur gemeinsamen Nutzung muss in Zusammenhang mit der in dieser Zeit zurückgehenden Zahl von Gottesdienstbesuchenden gesehen werden. Im Mai 1979 wird die Kirche einer rumänischen Glaubensgruppe zur Mitbenutzung vorgeschlagen, jedoch von dieser aufgrund der Lage und des Zustands abgelehnt.[118] Auch Gespräche mit Vertretern der russisch-orthodoxen Gemeinde finden keine Einigung.

Im Juli 1980 wird die Nutzung der Allerseelenkirche durch die gr.-orth. Gemeinde für ihre Gottesdienste in Erwägung gezogen.[119] Im November des gleichen Jahres wird eine Einigung zwischen der Kirchenstiftung der Pfarrei München-Allerheiligen und der Gr.-Orth. Metropolie über die gemeinsame Nutzung gefunden.[120] Zu Weihnachten 1980 wird diese Einigung der Gr.-Orth. Metropolie vorgelegt und einige Monate später die Nutzungsvereinbarung vertraglich festgelegt. Die Gr.-Orth. Metropolie gibt der Gemeinde, in Anlehnung an das Patrozinium „Allerseelen" der bestehenden Kirche, den Namen „Allerheiligen".[121] Gleichzeitig soll damit vermieden werden, einem bestimmten Heiligen den Vorrang zu geben.

Im Mai 1981 lässt die kath. Kirchenstiftung Allerheiligen durch den Architekten Pongratz im Abstellraum neben dem Altarraum eine Toilettenanlage einbauen, die von außen erschlossen werden kann. Ebenso wird ein horizontales, nach unten abgeschrägtes Fenster auf der bisher geschlossenen Westseite des Chors hinter dem Altar mit Buntfenstern eingearbeitet. So wandelt sich mit der Zeit der katholische Kirchenraum der Allerseelenkirche und wird durch seine Ausstattung zunehmend ‚orthodox'.

114 Brief von Dr. Gerhard Gruber an Prof. Gustav Albert in der Ungererstraße 133 (ehemaliger Direktor der Staatsbauschule Karl / Ecke Barer Straße), 19. Oktober 1978, Archiv des Erzbistums München und Freising.
115 Brief von Dr. Gerhard Gruber an Maria Gerhardinger, 19. Oktober 1978, Archiv des Erzbistums München und Freising.
116 Entwurf zur Umgestaltung Allerseelen von Michael Pongratz, 06. Oktober 1978, Archiv der Gr.-Orth. Allerheiligenkirche München.
117 Entwurf zur Umgestaltung Allerseelen von Michael Pongratz, 06. Oktober 1978, Privatarchiv Manfred Lamberty.
118 Gedächtnisprotokoll Allerseelenkirche/rumänische Gruppe / Prälat Müller, 09. Mai 1979 von P. Gilhaus, BB009/3-80, Archiv des Erzbistums München und Freising.
119 Brief von Pfarrer Dr. Robert Simon an Herrn Prälat Egger am 19. August 1980, BB009/3,80, Archiv des Erzbistums München und Freising.
120 Ergebnisprotokoll über eine Sitzung im Erzbischöflichen Ordinariat München am 11. November 1980, Archiv der Gr.-Orth. Allerheiligenkirche München.
121 Wegen der gleichen Namensgebung und ähnlicher Adresse mit der kath. Allerheiligenkirche kommt es gelegentlich zu Verwechslungen.

Altarbereich der Allerseelenkirche mit Ikonostase nach dem „Einzug“ der gr.-orth. Gemeinde, 1988

Innenraum der Allerseelenkirche nach dem „Einzug“ der gr.-orth. Gemeinde, 1988

# Vom alten Baubestand zur Neugestaltung 1981–1992

## Der Beschluss zur Aufnahme von Baumaßnahmen

Von Beginn an erfahren die gr.-orth. Gottesdienste in der Ungererstraße 131 einen großen Zustrom. Dabei finden unter der Woche sowie an Sonn- und Feiertagen alle Gottesdienste, Hochzeiten und Taufen für die gr.-orth. Gemeinde statt. Erzpriester Apostolos Malamoussis[122], ehemals Pfarrer in Ludwigshafen, übernimmt die Gemeinde in München im September 1982. Kurze Zeit später wird auch der Bischof von Speyer Friedrich Wetter[123] zum Erzbischof von München und Freising berufen und tritt sein Amt im Dezember 1982 an. Erzpriester Malamoussis und Kardinal Wetter verband bereits vor ihrer Versetzung nach München eine brüderliche Freundschaft über mehrere Jahre. Beide werden als vorantreibende Akteure maßgeblich an der Entstehung der neuen Allerheiligenkirche beteiligt sein. Bald nach seinem Amtsantritt in München besucht Kardinal Wetter 1983 die nun hauptsächlich von der Gr.-Orth. Metropolie genutzte Allerseelenkirche und schildert seinen damaligen Eindruck folgendermaßen:

> „Ich [...] war enttäuscht. Eine Kirche ist ein Gotteshaus – ein Haus zur Ehre Gottes. Aber diese Kirche gereicht Gott nicht zur Ehre. Eine Kirche ist das Haus der christlichen Gemeinde, in dem sich die Gläubigen geistlich zuhause wohlfühlen können. Das war bei dem damaligen Zustand nicht möglich. Darum war die Benutzung dieser Kirche für mich nur eine Notlösung.“[124]

Erzpriester Malamoussis und Kardinal Wetter sind sich einig, dass an der Ungererstraße für die Griechinnen und Griechen eine größere, „gotteswürdige“ Kirche entstehen müsse, die den liturgischen Anforderungen des orthodoxen Gottesdienstes besser entspricht. Dies markiert den Anfang des jahrelangen Weges bis zum Umbau der Allerseelenkirche zur heutigen Gr.-Orth. Allerheiligenkirche.

Bereits im März 1983 entstehen erste Überlegungen zum Bau eines Gemeindesaals hinter der Kirche auf dem Grundstück.[125] Im April 1983 diskutieren Vertreter der Gr.-Orth. Allerheiligenkirche mit Kardinal Wetter erstmals die Mög-

links
Robert Brannekämper, Modell der Gr.-Orth. Allerheiligenkirche, 1993

122 Erzpriester Apostolos Malamoussis (*1947) studierte Theologie an der National- und Kapodistrias-Universität in Athen und kam ab 1972 kam er nach Deutschland. Eine ausführliche Biografie findet sich im Anhang.
123 Kardinal Friedrich Wetter (*1928) studierte Katholische Theologie an der Philosophisch-Theologischen Hochschule Sankt Georgen in Frankfurt am Main und an der Päpstlichen Universität Gregoriana in Rom. Eine ausführliche Biografie findet sich im Anhang.
124 Interview mit Kardinal Wetter am 03. Juni 2022, München.
125 Brief von Bischof Dimitrios von Thermai an Pfarrer Anton Tholl der kath. Kirchenstiftung Allerheiligen, 22. März 1983, Archiv der Gr.-Orth. Allerheiligenkirche München.

Robert Brannekämper, Skizzen von Türmen, an deren Sanierung die Firma Brannekämper beteiligt war, ca. 1980–2006

lichkeit, die ursprünglichen Baupläne für den Weiterbau der Unterkirche wieder aufzugreifen, um langfristig die Raumnot der gr.-orth. Gemeinde zu beheben.[126]

Konkret werden der Bau eines Gemeindesaals sowie weiterer Räume für Bibliothek, Gemeindearchiv, Büros, eine Wohnung und zwei Fremdenzimmer erörtert, die „baumäßig und architektonisch an das vorhandene Pfarrhaus angeschlossen werden“[127] können. Im Juli 1984 wird der Gr.-Orth. Metropolie auch das Pfarrhaus überlassen. Die Pietà von Scheiber wird zur gleichen Zeit an den Pfarrverband Menzing in die Kirche Leiden Christi geliehen, wo sie sich bis heute befindet.[128] Die Auslagerung der prominenten Altarfigur gibt der orthodoxen Vorstellung des Glaubens, in der der „Pantokrator, der menschenliebende, fleischgewordene und verherrlichte Logos Gottes“[129] dominiert, mehr Raum. Sinnbildlich dafür wird 1985 ein Abbild des Pantokrator, eine auf Leinwand gezeichnete Ikone von Stefanos Stoila, einem Mitglied der Gemeinde, an der Decke der Allerseelenkirche angebracht. Dennoch koexistieren in der Allerseelenkirche beide religiösen Bildvorstellungen weiterhin nebeneinander, denn das große Kruzifix von Frey an der Außenfassade wird erst 1993 von der kath. Pfarrei Allerheiligen entfernt und an eine Gemeinde in Rumänien gegeben.

Das mögliche Bauvorhaben eines Gemeindesaals wird jedoch bereits im November 1984 auf drei Jahre vertagt, da die kath. Kirchenverwaltung nicht die finanziellen Mittel aufbringen kann – sie hat bereits der serbisch-orth. Kirche ihre Unterstützung zugesagt.[130] Die griechische Gemeinde, allen voran Erzpriester Apostolos Malamoussis, beharrten in der Zeit weiterhin darauf, das Projekt voranzutreiben:

> „Unsere Metropolie und ich persönlich im Auftrag unseres Metropoliten ‚störten‘ Kardinal Wetter immer wieder für eine bessere Lösung des Provisoriums der Notkirche, da die gerichtliche Auseinandersetzung des Bayerischen Staates um die Wiederherstellung der Salvatorkirche für die Metropolie Deutschlands noch anhielt. Im Laufe der Zeit reifte in Kardinal Wetter auch der Gedanke eines würdevolleren Neubaus eines Kirchen- und Kulturzentrums [...].“[131]

Im November 1986 wird ein Gutachten zur Sanierung der Heizanlage das Pfarrhauses und der Allerseelenkirche erstellt.[132] Zu dem Zeitpunkt wird die Kirche mit Gas-Einzelhöfen beheizt, die manuell bedient werden müssen. In der Folge werden vier Heizkörper an den Seitenwänden eingebaut. Da mit den neuen Heizkörpern in der Allerseelenkirche die Wände nach und nach oberhalb durch Feinstaub geschwärzt werden, wird später in der Gr.-Orth. Allerheiligenkirche bewusst eine Bodenheizung eingebaut, um die Wandmalereien nicht zu verschmutzen.

126 Brief von Dimitrios Bischof von Thermai an den Erzbischof von München und Freising Friedrich Wetter, 21. Mai 1983, Archiv der Gr.-Orth. Allerheiligenkirche München.
127 Ebd.
128 Lothar Altmann, Pfarrkirche Leiden Christi Obermenzing Kunstführer, Germering 1999, S. 18.
129 Anastasios Kallis, „Griechische Identität und Orthodoxie“, in: Dienst am Volk Gottes, Herten 1992, S. 77–93, hier S. 78.
130 Brief des Erzbischofs von München und Freising Kardinal Wetter an Bischof Dimitrios von Thermai, 02. November 1984, Archiv der Gr.-Orth. Allerheiligenkirche München.
131 E-Mail von Erzpriester Apostolos Malamoussis an die Autorin, 12. Oktober 2022.
132 Aktenvermerk des Ingenieurbüros Anton Linsmeier, 24. November 1986, Archiv der Gr.-Orth. Allerheiligenkirche München.

Aus dem gleichen Grund wurde in der heutigen Kirche ein System installiert, das den Rauch der Kerzen mit einem speziellen Mechanismus absorbiert und ihn aus der Kirche transportiert.

## Auftragserteilung an Robert Brannekämper sen.

Im Herbst 1986 erhält die Bauunternehmung Brannekämper[133] den Direktauftrag vom katholischen Ordinariat, vertreten durch den damaligen Erzbischöflichen Finanzdirektor im Erzbistum München und Freising Friedrich Maximilian Fahr[134], einen Entwurf für die Allerheiligenkirche an der Ungererstraße zu erstellen. Fahr erhält dabei Zuspruch in der Erzbischöflichen Baukommission von deren damaligem Leiter Prälat Georg Schneider sowie von Prälat Josef Obermaier, die sich beide für die Wahl Brannekämpers bei diesem Vorhaben aussprechen.

Das Projekt für die Kirche muss als Vorgabe sowohl die liturgischen Erfordernisse, als auch die Tradition des gr.-orth. Kirchenbaus berücksichtigen. Brannekämper entwirft zunächst einen Plan für einen geosteten Kirchenneubau an gleicher Stelle wie die Allerseelenkirche mit abgerundeten Ecken zusammen mit zwei separaten halbkreisförmigen Volumina für Pfarramt und Pfarrhaus im hinteren Teil des Grundstücks. Hinzu kommt eine Tiefgarage mit 32 Stellplätzen. Die drei Volumina bilden dadurch einen kleinen Platz auf der westlichen Seite des Grundstücks, wo neu der Eingang zur Kirche platziert wird. Das Pfarramt soll städtebaulich an die 1985 fertiggestellte Bürobebauung der Zürich Versicherung auf dem Nachbargrundstück der Ungererstraße 129 anschließen, während das Pfarrhaus die Baulinie der hinteren Bebauung der Ungererstraße 135 aufnehmen soll. Der Pfarrsaal befindet sich in diesem Entwurf im Untergeschoss der Kirche. Drei als Gruppe zusammengefasste Konchen kennzeichnen bereits den Kirchenbau hin zur Ungererstraße auf der Ostseite. Die Westseite als neue Eingangsseite weist einen zentralen schmalen Glockenturm über dem Eingang auf. Eine solche Typologie ist eher für den Sakralbau auf der Inselgruppe der Kykladen typisch.[135] Das Satteldach im ersten Entwurf der Gr.-Orth. Allerheiligenkirche ist durch eine Tambourkuppel aus einer Stahl-Glas-Konstruktion in Richtung Osten unterbrochen. Die Nord- und Südseite sind durch halbkreisförmige Stichkappen im Volumen gekennzeichnet. Damit zeigt der frühe Entwurf bereits Elemente, die sich bis zum Ende des Entwurfsprozesses Jahre später halten werden und das heutige Bauwerk charakterisieren.

Statt eines Neubaus der Gesamtanlage wird von der Gr.-Orth. Metropolie im November 1986 die Möglichkeit eines Umbaus des Bestandes in Erwägung gezogen. Dies entspricht auch dem Wunsch von Kardinal Wetter, die Allersee-

133 Gegründet von Theodor Brannekämper (1900–1989), der als Dombaumeister wesentlich am Wiederaufbau der Stadt München mitgewirkt hat.

134 Friedrich Maximilian Fahr (1932–2007) studierte Theologie und Philosophie in Rom und wurde dort 1957 zum Priester geweiht. Zwischen 1981 und 1997 war er unter den Kardinälen Joseph Ratzinger und Friedrich Wetter Erzbischöflicher Finanzdirektor.

135 Vgl. Alexandra Goulaki-Voutyra, Giorgos Karadedos, Giogos Labbas, H εκκλησιαστική μαρμαρογλυπτική στις Κυκλάδες από τον 16ο ως τον 20ο αιώνα [Die kirchliche Marmorglyptik auf den Kykladen vom 16. bis zum 20. Jahrhundert], Athen 1996, S. 164. Auf die Einflüsse griechischer Architektur im Entwurf von Brannekämper wird in einem späteren Kapitel genauer eingegangen.

lenkirche nicht vollständig abzureißen.[136] Brannekämper entwirft in Rücksprache mit der Lokalbaukommission als Alternative auf der nördlichen, noch freien Ecke des Grundstücks einen Neubau mit Tiefgarage, der die Allerseelenkirche teilweise unterkellert und daher eine entsprechende Verbreiterung der bestehenden Fundamente erfordern würde. Gleichzeitig wird in diesem Entwurf die Allerseelenkirche aufgestockt. Brannekämper rät dem Fachbereich der diözesaneigenen Gebäude, repräsentiert durch Horst Danner, sowohl „aus gestalterischen als auch aus wirtschaftlichen Gründen zu einem Abbruch des Altbestandes und Neubau von Kirche und Gemeindezentrum" – gleichzeitig betont er, dass die Allerseelenkirche nicht unter Denkmalschutz stehe.[137]

Im Oktober 1988 besucht Kardinal Wetter anlässlich des 25-jährigen Bestehens der Gr.-Orth. Metropolie von Deutschland einen Gottesdienst in der von der Gemeinde damals schon „Gr.-Orth. Allerheiligenkirche" genannten Allerseelenkirche und sichert der Gemeinde eine „kräftige Mithilfe" für die Errichtung eines Zentrums für orthodoxe Griechinnen und Griechen zu.[138]

Ein Jahr später wird nunmehr die Lösung eines Umbaus mit Neubau des Gemeindezentrums weiterverfolgt.[139] Im Entwurf vom Oktober 1989 verfügt die geostete Kirche über Platz für 180 Besuchende und weitere 80 auf der Galerie mit einer Erweiterungsmöglichkeit zum Gemeindesaal mit weiteren 100 Plätzen. Das bestehende Pfarrhaus wird nach Norden erweitert, um die für den Pfarrsaal notwendigen Nebenräume (Bühne, Küche, Garderobe, WC, Abstellraum) zu schaffen. Im Obergeschoss befinden sich Gemeinderäume, Bischof- und Pfarrbüros sowie die Pfarrwohnung. Damit wird das Grundstück L-förmig belegt mit dem Haupteingang im Süden und dem sich darüber befindenen Glockenturm. Zu diesem Zeitpunkt reduziert sich die Fassadengestaltung auf Rundbogenfenster mit einheitlichem Satteldach, Kuppel und Konchen. In den Planungen wird nun auf eine Tiefgarage verzichtet, obwohl für den Umbau gemäß der Bayerischen Bauordnung für die Kirchenbesucher und Bewohner 30 Stellplätze gefordert gewesen wären, was eine Unterkellerung der Kirche bedingt hätte. Brannekämper argumentiert später in einer schriftlichen Begründung an die Genehmigungsbehörde der Stadt München, dass die Stellplätze nicht neu erstellt, sondern die am vorhandenen Friedhof als Wechselnutzung anerkannt werden können. Dies senkt nicht nur erheblich die Baukosten – da keine Unterkellerung benötigt wird –, sondern ermöglicht auch die vorgesehene Einbeziehung der alten Mauern der vorhandenen Notkirche.[140] Die Kirche liegt nur wenige Meter vom U-Bahnhof Nordfriedhof entfernt, an dem die meisten Gottesdienstbesuchenden ankommen. Im Juli 1991 wird der sog. „Vorentwurf" an Kardinal Wetter und Metropolit Augoustinos weitergereicht. Die Empore wird nach diesem Planungsstand von zwei entgegensetzten einläufigen Treppen betreten, der Kirchenraum ist stützenfrei

136 Brief von Erzpriester Apostolos Malamoussis an den Metropoliten Augustinos, 24. Juli 1991, Archiv der Gr.-Orth. Allerheiligenkirche München.
137 Brief von Robert Brannekämper an Horst Danner, 31. November 1986, Archiv der Gr.-Orth. Allerheiligenkirche München.
138 Ordinariats-Korrespondenz Nr. 40 vom 27. Oktober 1988, Archiv der Gr.-Orth. Allerheiligenkirche München.
139 Brief von Robert Brannekämper an Erzpriester Apostolos Malamoussis, 30. Oktober 1989, Archiv der Gr.-Orth. Allerheiligenkirche München.
140 Interview mit Robert Brannekämper am 03. Juni 2022, München.

Robert Brannekämper, Lageplan mit drei separaten Volumina und Tiefgarage, 1986

Robert Brannekämper, Südansicht der Gr.-Orth. Allerheiligenkirche, 1986

Robert Brannekämper, Westansicht der Gr.-Orth. Allerheiligenkirche, 1986

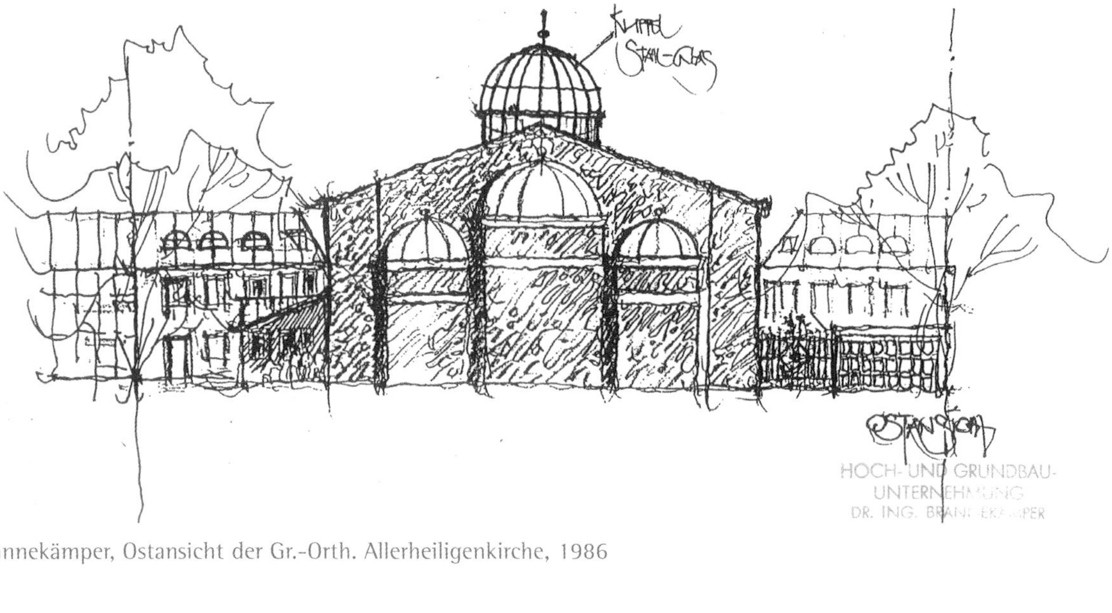


Robert Brannekämper, Ostansicht der Gr.-Orth. Allerheiligenkirche, 1986

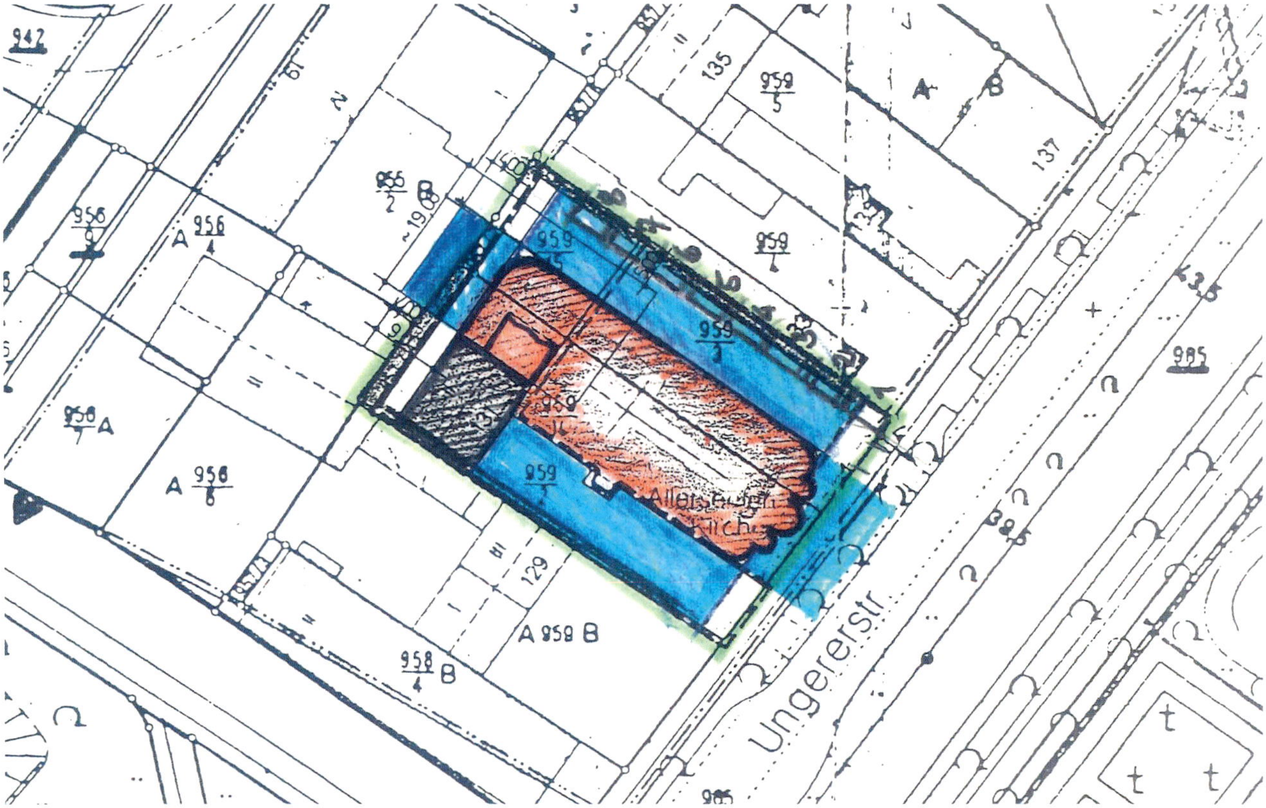


Robert Brannekämper, Lageplan mit L-förmiger Belegung des Grundstücks ohne Tiefgarage, Abstandsflächen in Blau, Juli 1991

Robert Brannekämper, Südansicht Variante A der Gr.-Orth. Allerheiligenkirche, Juli 1991

Robert Brannekämper, Schnitt der Gr.-Orth. Allerheiligenkirche, Juli 1991

Robert Brannekämper, Ostansicht der Gr.-Orth. Allerheiligenkirche, Juli 1991

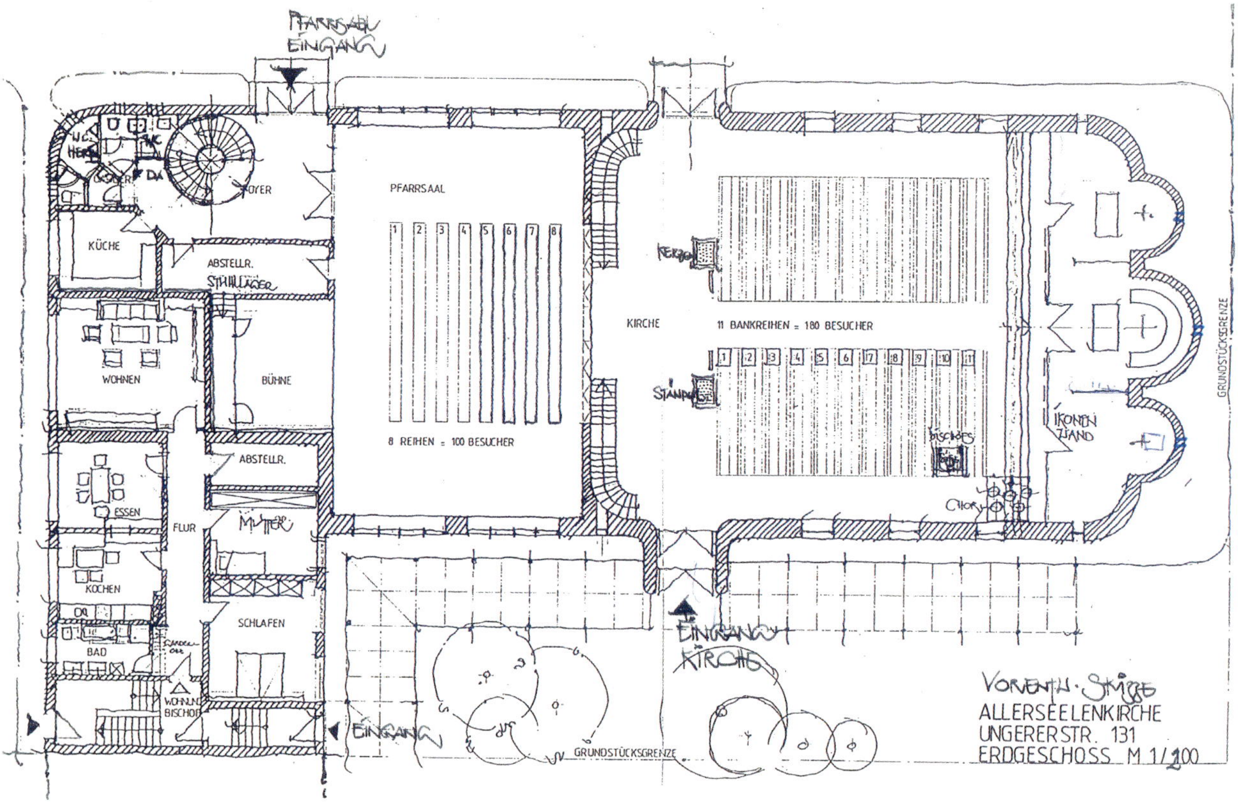


Robert Brannekämper, Erdgeschoss Grundriss der Gr.-Orth. Allerheiligenkirche, Juli 1991

Robert Brannekämper, Südansicht Variante B der Gr.-Orth. Allerheiligenkirche, Juli 1991

vorgesehen. Das Dach besteht aus einem Satteldach mit offengelegter Fachwerkträgerkonstruktion aus Stahl. Brannekämper kehrt wieder zur ursprünglichen Idee der Stichkappen an den Seitenfassaden zurück.

Um den gr.-orth. Kirchenbau näher kennenzulernen und Ideen für die äußere „Gestaltung" der Kirche zu bekommen, wird Robert Brannekämper von Erzpriester Apostolos Malamoussis im August 1991 zu einer mehrtätigen Privatreise nach Griechenland eingeladen.[141] Dabei besuchen sie zahlreiche byzantinische Kirchen in Thessaloniki und unternehmen eine Bootsfahrt entlang des Heiligen Berges Athos. Weitere Stationen dieser Reise sind auch neuere Kirchen in Thessaloniki, um Brannekämper einen Eindruck zeitgenössischer Sakralbaukunst zu vermitteln. Dazu gehört die Heilige Kirche der Himmelfahrt der Jungfrau Maria (Ναό Κοιμήσεως της Θεοτόκου), errichtet zwischen 1973 und 1989, in dem Viertel der vierzig Kirchen (Σαράντα Εκκλησίες) in Thessaloniki, wo es ein Treffen mit dem Priester Eftychios Papaderos (Ευτύχιο Παπαδερό) gibt. Ebenso besuchen sie die sich zu der Zeit im Bau befindliche Kirche Agios Panteleimon (Αγίου Παντελεήμονα) in Kalamaria, wo sie mit dem zuständigen Priester Konstantinos Papapetrou (Κωνσταντίνο Παπαπέτρου) sprechen, der ihnen die Pläne dieser Kirche zeigt.

Bei der Griechenlandreise wurde insbesondere ein Augenmerk auf die Ostseite anderer Kirchen gelegt, denn durch die neu ausgerichtete Ostung zur Ungererstraße hin wird hauptsächlich diese Seite von der Straße her wahrgenommen, von der aus gesehen sich der Sakralbau zum öffentlichen Stadtraum hin repräsentieren würde. Der Innenraum sollte nach Vorstellungen von Brannekämper so schlicht wie möglich sein und gleichzeitig möglichst viel Fläche für die Ikonenmalerei bieten. Brannekämper empfand die Bauaufgabe deswegen als herausfordernd, weil es schwierig sei einen schlichten Raum „ansehnlich" zu gestalten. Im Rückblick zu dieser Reise stellt Brannekämper fest, dass vergleichbar mit den orthodoxen Kirchen, insbesondere aus byzantinischer Zeit, in Griechenland sein Bauwerk für ein „anderes Zeitalter" steht.[142]

Nach der Griechenlandreise im Herbst 1991 ändert sich nochmals der Entwurf, dessen Zwischenstand jedoch nicht in Form von Skizzen, sondern nur als Werkplanung erhalten ist. Der Glockenturm wird als separat stehendes Volumen an die Grundstücksgrenze zur Ungererstraße verlagert. Der prominent platzierte Turm an der Westseite zur Ungererstraße geht auf eine Anweisung des Ordinariats durch Fahr zurück, in dessen Augen ein Turm eine Signalwirkung zum Glauben und eine Anbindung zur Stadt bilde.[143] Dieses für westliche Kirchen typische Element unterscheidet die Gr.-Orth. Allerheiligenkirche grundlegend von anderen orthodoxen Kirchen, worauf im vorletzten Kapitel zur Gestalt der Kirche genauer eingegangen wird.

141 Brief von Erzpriester Apostolos Malamoussis an den Metropoliten Augustinos, 24. Juli 1991, Archiv Gr.-Orth. Allerheiligenkirche München.
142 Interview mit Robert Brannekämper am 03. Juni 2022, München.
143 Ebd.

## Verzögerte Baugenehmigung wegen potenziellen Denkmalschutzes

Der Bauantrag für den Umbaupläne zur Gr.-Orth. Allerheiligenkirche wird im September 1991 in der Lokalbaukommission eingereicht. Obwohl zu diesem Zeitpunkt die davon betroffene Allerseelenkirche von 1929 nicht unter Denkmalschutz steht, verweigert ein Vertreter des Bayerischen Landesamts für Denkmalpflege in der Lokalbaukommission die Genehmigung der Baupläne. Seine Begründung ist, dass die unvollendete Allerseelenkirche ein Zeitzeuge der vorherrschenden wirtschaftlichen Lage zwischen 1927 und 1945 sei und deswegen nachträglich in die Denkmalliste aufgenommen werden müsse.

Ende Oktober 1991 treffen sich Vertreter des Landesamts für Denkmalpflege an der Allerseelenkirche mit dem Architekten Brannekämper und Erzpriester Apostolos Malamoussis, um den Wert der Allerseelenkirche als Baudenkmal zu diskutieren und über das geplante Projekt zu sprechen. Der Vertreter des Landesamts für Denkmalpflege ist der Meinung, „dass die Kirche auf eine möglich erscheinende Denkmaleigenschaft erst noch zu überprüfen sei, bevor einem Abbruch zugestimmt werden könnte“[144]. Dabei wird auch erläutert, dass dieser Standort für die Griechisch-Orthodoxe Metropolie nur eine Ausweichmöglichkeit bedeutet, da sie aufgrund des Rechtsstreits um die Salvatorkirche über keinen zentralen Kirchenstützpunkt verfügt. Dieser Sachverhalt bedürfe bei der Abwägung aller Gesichtspunkte einer besonderen Würdigung.[145]

Daraufhin wendet sich Erzpriester Apostolos Malamoussis an den damaligen Kultusminister Hans Zehetmair und fragt, ob das Ministerium die Ansichten der Denkmalpflege teile und falls nicht, ob er in diesem Fall vermitteln könne. Aufgrund der engen Kontakte zum katholischen Ordinariat weist Ministerialrat Dr. Werner Schiedermair in einem Schreiben an das Bayerische Landesamt für Denkmalpflege im Februar 1992 darauf hin, dass von Seiten der Erzdiözese München und Freising der Allerseelenkirche keine Denkmaleigenschaften zuerkannt würden.[147] Aufgrund der zwischenzeitlich kostspieligen, weitreichenden Planungen bittet Schiedermair das Denkmalamt davon abzusehen, die Allerseelenkirche in die Denkmalliste aufzunehmen.[148] Im Juni 1992 antwortet der damalige Generalkonservator Prof. Dr. Michael Petzet dem Bayerischen Staatsministerium für Unterricht und Kultus:

> „Die absolute Nüchternheit des ganz nach funktionalen Gesichtspunkten errichteten Notkirchenbaus, auch die wiederholt vorgenommen Neugestaltungen des Innenraums, dürften eine Ausweisung als Baudenkmal zum jetzigen Zeitpunkt nur schwer vermittelbar machen. Das Landesamt beabsichtigt jedenfalls nicht, den Bau in der Denkmalliste nachzutragen.“[149]

144 Auszug aus dem Protokoll des Sprechtags beim Bayer. Landesamt für Denkmalpflege – Herrn Dr. Florian Zimmermann – am 25. Oktober 1991, Zentralregistratur der Lokalbaukommission München.

145 Ebd.

146 Interview mit Robert Brannekämper, 03. Juli 2023, München.

147 Selbst bei einem Denkmalstatus hätte das Bayerische Denkmalschutzgesetz „die von den zuständigen kirchlichen Oberbehörden festgestellten kirchlichen Belange zu berücksichtigen“ gehabt. Siehe: BayDSchG Teil 9 Art. 26 Kirchliche Denkmäler Abs. 2, Fassung: 25. Juni 1973, Textgültigkeit: 18. März 2023.

148 Brief von Ministerialrat Schiedermair an das Bayerische Landesamt für Denkmalpflege vom 25. Februar 1992, Akte BB009/3- 80, Archiv des Erzbistums München und Freising.

149 Bayerisches Landesamt für Denkmalpflege, vertreten durch Generalkonservator Prof. Dr. Michael Petzet an das Bayerische Staatsministerium für Unterricht, Kultur, Wissenschaft und Kunst, 09. Juni 1992, Archiv der Gr.-Orth. Allerheiligenkirche München.

Kurz vor dieser Antwort wird Anfang März 1992 in der Heimat- und Denkmalpflegesitzung (HDS)[150] erstmals über das Anliegen diskutiert, jedoch wird das Projekt zu dieser Zeit noch vom Landesamt für Denkmalpflege geprüft.[151] Mitte Juli 1992 wird in der HDS erneut über das Vorhaben debattiert. Der damalige Heimatpfleger Prof. Dr. Dr. Enno Burmeister äußert sich dort folgendermaßen:

> „Nachdem das Landesamt für Denkmalpflege festgestellt hat, daß die vorhandene Notkirche kein Baudenkmal ist bzw. als solches nicht vermittelbar erscheint, besteht Einverständnis mit der Übernahme von Teilen der Bausubstanz und ihrer Neuinterpretation im Sinne des griechischen und orthodoxen Ritus. Bedauerlicherweise entfällt der ursprüngliche Giebel zur Ungererstraße. Was an seine Stelle gerückt wird, kann gestalterisch nicht ganz überzeugen. Im übrigen wird die aus der veränderten Nutzung durch einen anderen Ritus abzuleitende Architektursprache der Kreuzkuppel-Kirche akzeptiert. Ebenfalls befremdlich ist die Übernahme des Konchenmotives für das Treppenhaus an der nördlichen Giebelseite. Es wird vorgeschlagen, hier die Gestaltung zu vereinfachen. Im übrigen werden die Umbaumaßnahmen in dem bestehenden Bauwerk hingenommen“[152].

Das Denkmalpflegeamt gibt in derselben Sitzung bekannt, dass der Bau hingenommen werden könne, jedoch wird präzisiert:

> „In der Detailausbildung ist der Glockenturm, der zu nah an der Straße steht und keinen Bezug zum Gebäude aufweist, südlich der Kirche am schwierigsten vermittelbar. Es wird gebeten zu prüfen, ob auf dieses Bauglied verzichtet werden kann. Eine sorgfältige Fortbildung der Anlage erscheint wegen der Nachbarschaft zum Nordfriedhof mit dem Friedhofsgebäude von Hans Grässel, das Elemente des byzantinischen Kirchenbaues aufweist, erforderlich. Eine sorgfältige Materialwahl erscheint wünschenswert. Möglicherweise würde ein Ziegelmauerwerk bei den sehr großen Mauerflächen des durch die Tonne geformten Giebels weniger problematisch sein als eine helle Fläche. Zugleich wäre damit auch eine Anknüpfung an die griechisch-orthodoxe Tradition gegeben. Hierzu stünden beispielsweise Bleidächer als Abdeckung der Konchengruppe in einem überzeugenden Zusammenhang.“[153]

Wie das nächste Kapitel zeigen wird, werden manche der Kommentare aus der HDS in der verschiedene Entwurfsstadien durchlaufenden Fassadengestaltung aufgegriffen.

150 In der HDS werden Bauanträge zu Änderungen an Baudenkmälern, Ensembles und bedeutende Baumaßnahmen in der Nähe von Denkmälern den beiden Trägern öffentlicher Belange zur Beurteilung und Stellungnahme vorgelegt. Die Beurteilung fließt in die Abwägung der Baugenehmigung oder Erlaubnis ein.

151 Auszug aus der HDS Nr. 442 vom 04. März 1992, S. 32, Zentralregistratur der Lokalbaukommission München.

152 Auszug aus der HDS Nr. 451 vom 15. Juli 1992, S. 49, Zentralregistratur der Lokalbaukommission München.

153 Ebd.

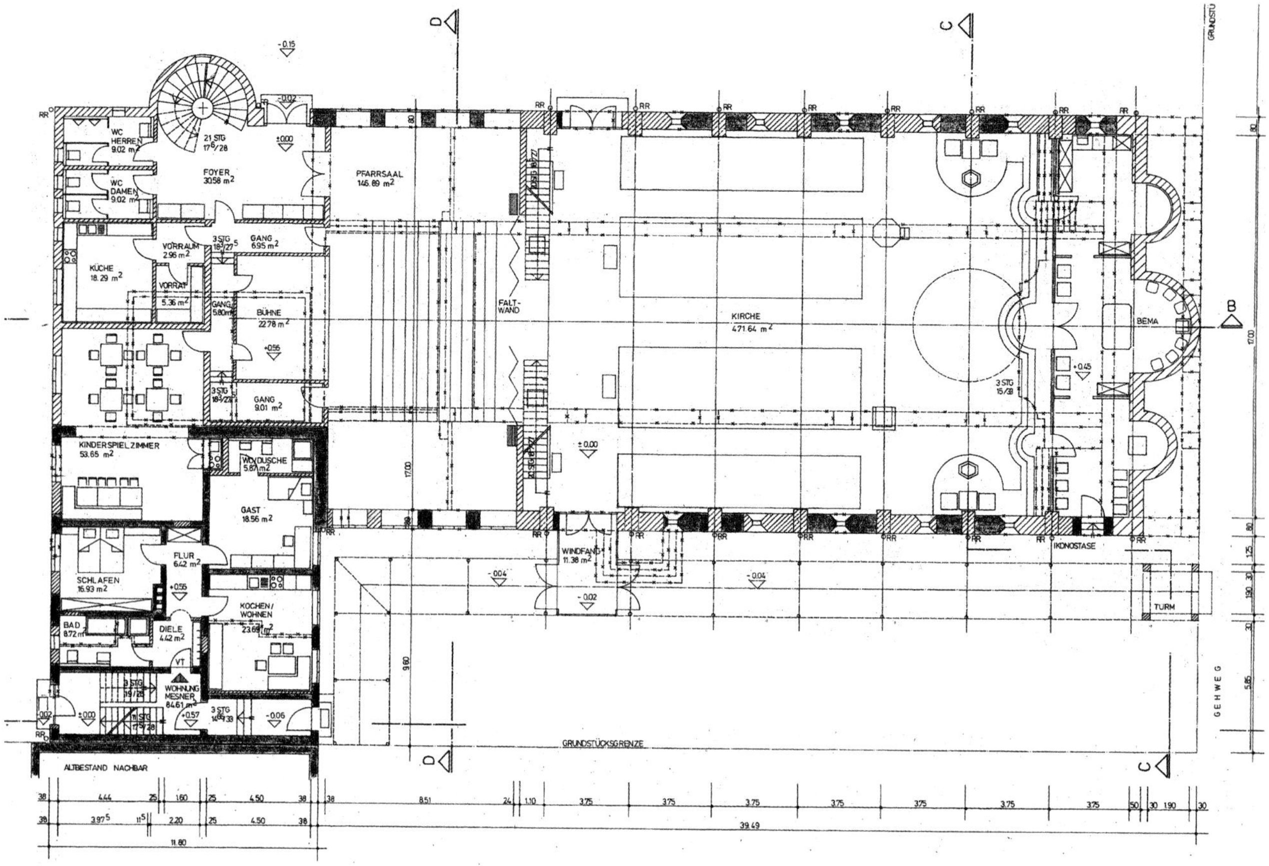


Robert Brannekämper, Erdgeschoss Grundriss der Gr.-Orth. Allerheiligenkirche, 13. Dezember 1991

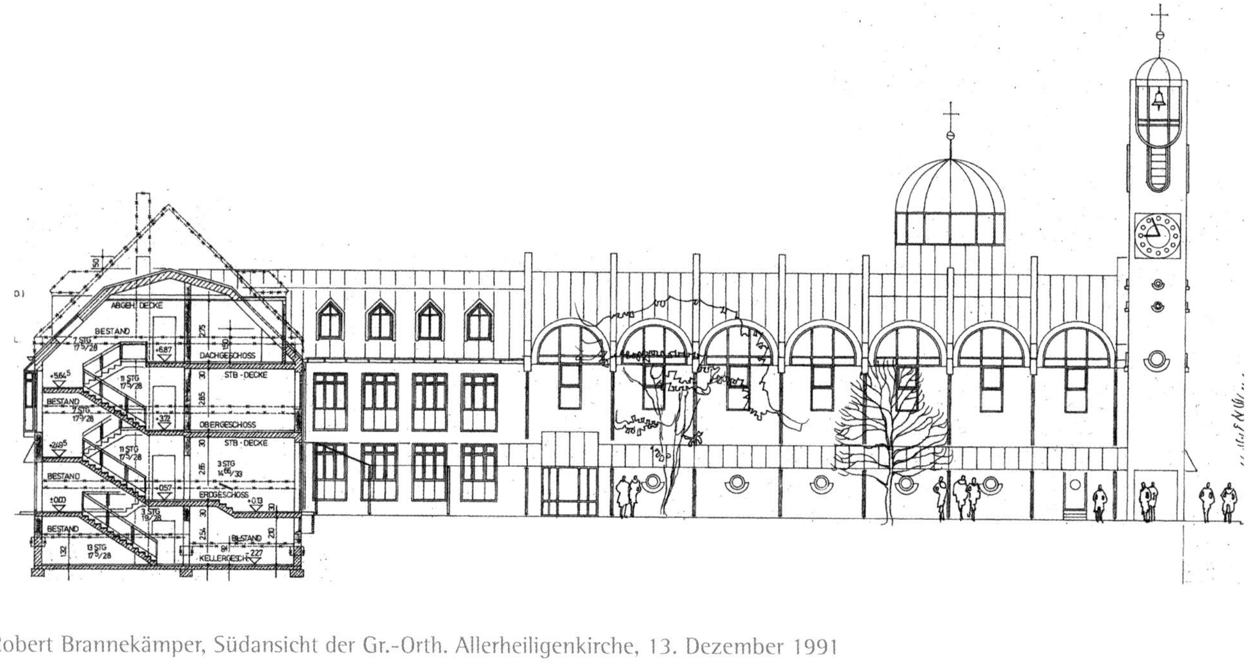


Robert Brannekämper, Südansicht der Gr.-Orth. Allerheiligenkirche, 13. Dezember 1991

Die Genehmigung zum Umbau der Ungererstraße 131 wird schließlich im November 1992 erteilt. Die einjährige Verzögerung der Baugenehmigung aufgrund der neu gestellten Denkmalfrage wurde von der Gr.-Orth. Metropolie weder als wissenschaftlich begründet noch als politisch motiviert bewertet, sondern auf die Profilierung einer Einzelperson innerhalb der Behörde zurückgeführt.

### Entwicklung der Fassadengestaltung im gesetzten Volumen

Ab Ende 1991 durchläuft die Fassadengestaltung von Brannekämper im gesetzten Volumen mehrere Entwicklungsstufen, die für eine spätere Einordnung in den architekturgeschichtlichen Kontext von Bedeutung sind.

Im Planstand vom Dezember 1991 ist der auf der Südseite freistehende Turm als Vierkant 20 Meter hoch und damit zwei Meter niedriger als in der Endfassung. Er weist bei den Schallöffnungen Rundungen auf und hat zu jeder Seite drei Bullaugen unterhalb der Uhr. Gekrönt wird er von einer kleineren Kuppel mit Kreuz und steht genau an der Grundstücksgrenze. Der Grundriss der Kirche ist zu diesem Zeitpunkt noch stützenfrei geplant, sodass die erhöhten Binder über der Haupttonne die Silhouette des Dachs mit der Tambourkuppel prägen. Die auf diesem Planstand neu eingefügte Tür in der Sakristei geht auf eine Anregung von Erzpriester Apostolos Malamoussis zurück, um den Priestern den unauffälligen Gang zur Toilette zu ermöglichen. Die Tür hat dabei keinen funktionellen Bezug zum direkt davor stehenden Turm, da die Glocken elektrisch vom Innenraum der Sakristei zur jeweiligen Zeit betätigt werden müssen.

Die Kirche weist bereits Bullaugenfenster auf Augenhöhe und halbkreisförmige Fenster in den Stichkappen auf, jedoch sind die mittig unterhalb der Thermenfenster befindlichen Einschnitte deutlich breiter als in der späteren Ausführung, so dass sich formal eine „Pilzform" als Fenster ergibt. Die Fenster der Nebengebäude sind als Metallkastenfenster angedeutet, wobei auf der Westseite zwei als Erker hervorstehen. Auf dem Dach weisen die Giebelgauben eine spitze Neigung auf.

Anfang August 1992 findet ein Gespräch zwischen Brannekämper und dem zu der Zeit obersten Denkmalpfleger der Stadt München Franz Graf von Stillfried statt, um vier der in der HDS angemerkten Punkte zu klären: 1) Gestaltung des Treppenhauses an der Nordfassade, 2) Gestaltung der Giebelfassade an der Ungererstraße, 3) Lage und Höhe des Turms und 4) Größe der Konchengruppe. In allen vier Punkten einigte man sich schließlich auf Folgendes:

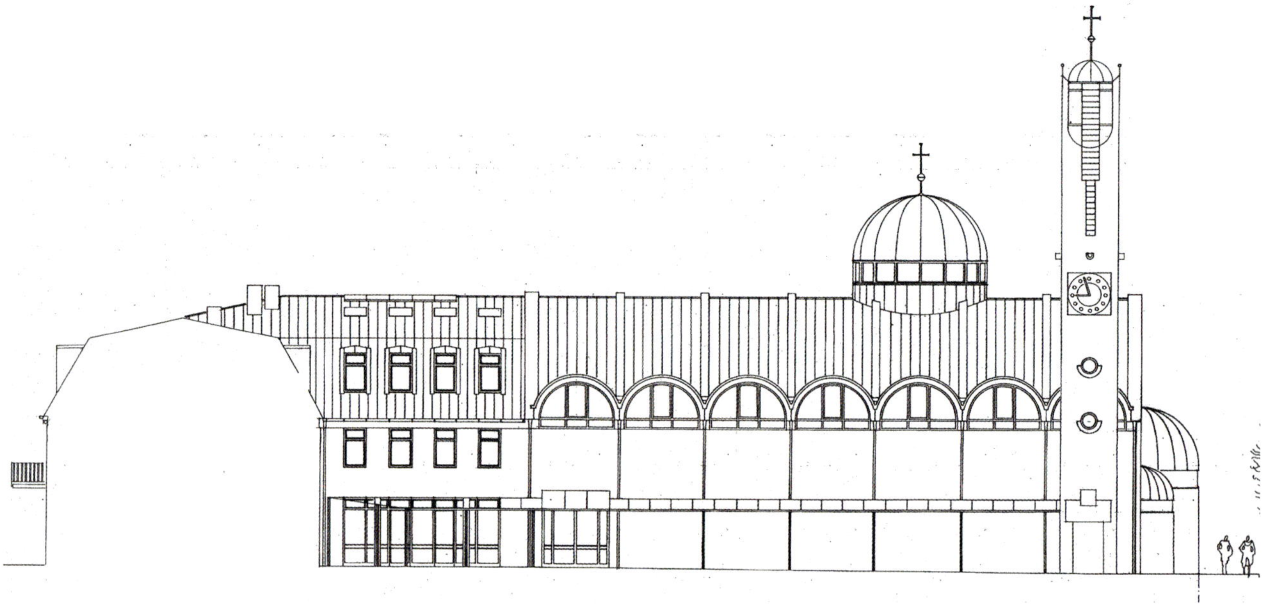

Robert Brannekämper, Südansicht der Gr.-Orth. Allerheiligenkirche, Februar 1993

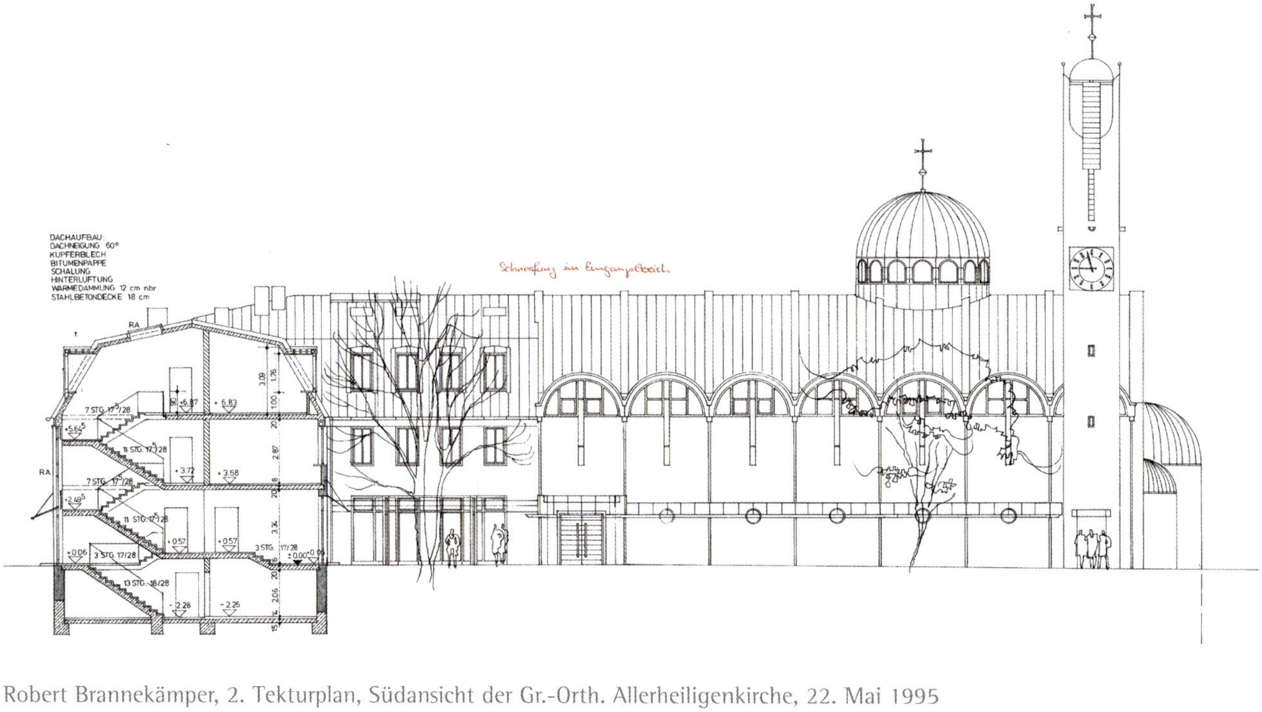


Robert Brannekämper, 2. Tekturplan, Südansicht der Gr.-Orth. Allerheiligenkirche, 22. Mai 1995

> „zu 1: Verkleinertes Treppenhaus mit überwiegender Verglasung,
> zu 2) und 4): der Straßengiebel wird grundsätzlich so beibehalten, allerdings wird Hr. Brannekämper noch einige Detailfragen (oberer Abschluß, Ringanker) mit Herrn v. Stillfried abklären.
> Zu 3): Der Turm wird hinter die Gebäudeflucht gesetzt und um 2m höher geplant.
> Voraussetzung ist jedoch, daß der südliche Nachbar zustimmt.“[154]

Dieses Gespräch mit Stillfried hat direkten Einfluss auf die erste Tektur, d.h. eine Korrektur des schon genehmigten Bauplans; schon im August 1992 wird der Entwurf entsprechend geändert. Dieser Stand ist nur auf einem Plan erhalten, auf dem die Westfassade der Wohngebäude zu sehen ist. Auffälligste Änderung ist nun die Aufglasung des Treppenhauses zum neuen Pfarrhausanbau. Am Pfarrhaus werden zusätzliche Fensterachsen eingefügt und die Dachgauben abgeflacht. Der Turm ist um zwei Meter erhöht und verfügt über eine tiefer geführte Schallöffnung, die nach unten hin in ihren Abstufungen schmaler wird.

Im Februar 1993, wenige Monate vor Beginn der Bauarbeiten, kommt es zu weiteren Planänderungen. Das Dach wird nochmals um einen Meter erhöht, die hervortretenden Binder werden verkleinert. Die Fenster unter den Stichkappen sind auf reine Halbkreisfenster reduziert, ebenso werden die Bullaugen im unteren Bereich der Fassade an der Kirche weggelassen. Der Turm wird leicht auf die erste Fassadenachse der Kirche im Grundstück zurückversetzt. Nur die oberste Schallöffnung weist noch Rundungen an den Kanten auf. Kleine Wasserspeier und zwei Bullaugen prägen seine Erscheinung.

Die zweite Tektur wird Ende Mai 1995 eingereicht, kurz vor Abschluss der Bauarbeiten. Dieser endgültige Planstand zeigt die Fenster unter den Stichkappen nochmals zu einem 20 Zentimeter schmalen rechteckigen Einschnitt geändert, um im Innenraum mehr Fläche für die Ikonen zu erlauben und dennoch etwas mehr Licht in den Raum zu bringen. Zu diesem Zeitpunkt wird auch die Abstützung der Stichkappen durch Rundstützen angemerkt.

Die sich unterhalb der Dachdeckung der drei Konchen befindenden Fensterbänder werden auf Anregung von Erzpriester Apostolos Malamoussis im endgültigen Plan weggelassen, um mehr Fläche für die Ausmalung im Innenraum zur Verfügung zu stellen. Die Fensterbänder der Ostwand waren insbesondere für die Darstellung des letzten Abendmahls problematisch, welche sich in orthodoxen Kirchen stets in der mittleren Apside der Ostwand befindet. Ein weiterer Vorteil ist, dass sich der Bau so auch gänzlich von dem Straßenlärm der viel befahrenen Ungererstraße abschirmt. Auch die Fenster in der Kuppel werden

154 Undatierte handschriftliche Notiz auf Auszug aus der HDS Nr. 451 vom 15. Juli 1992, S. 50, Zentralregistratur Lokalbaukommission München.

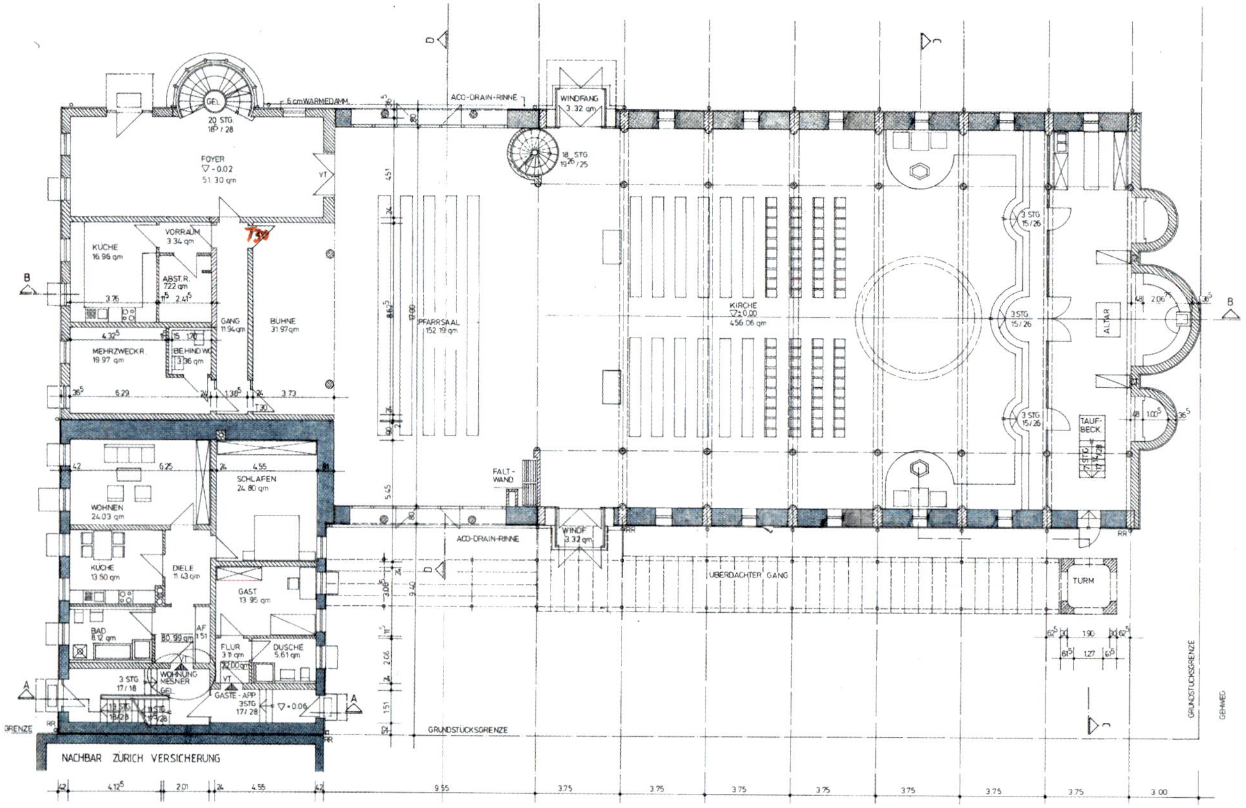


Robert Brannekämper, Grundriss Erdgeschoss der Gr.-Orth. Allerheiligenkirche, 22. Mai 1995

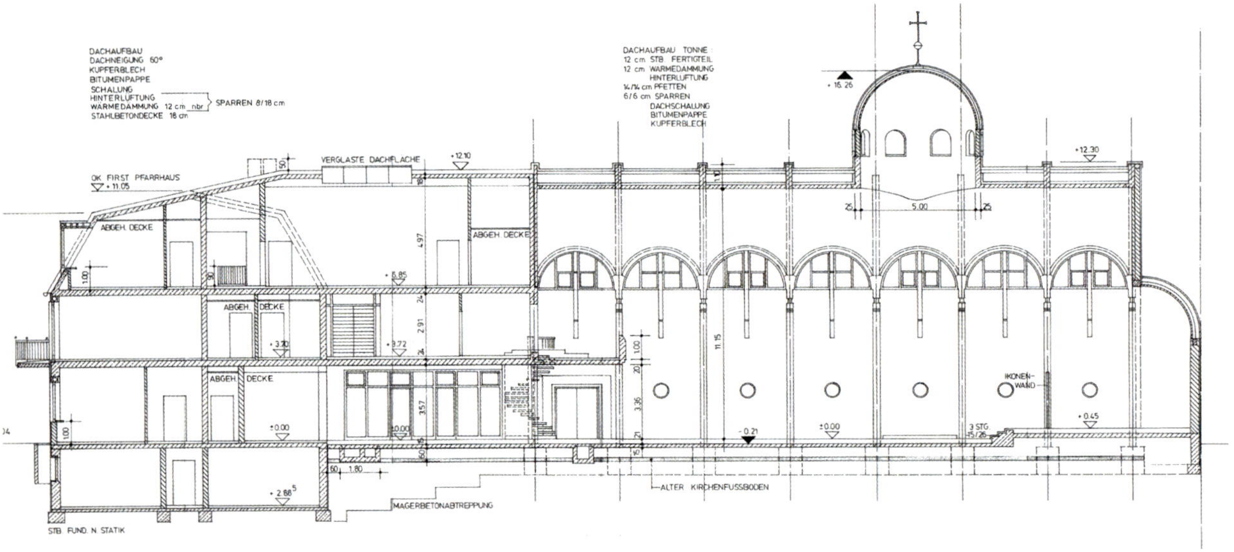


Robert Brannekämper, Längsschnitt der Gr.-Orth. Allerheiligenkirche, 22. Mai 1995

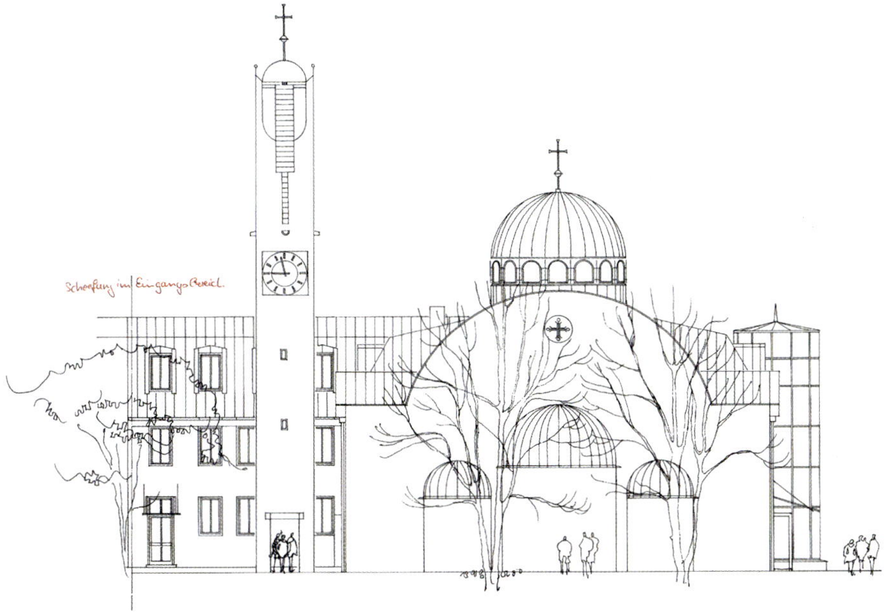

Robert Brannekämper, Ostansicht der Gr.-Orth. Allerheiligenkirche, 22. Mai 1995

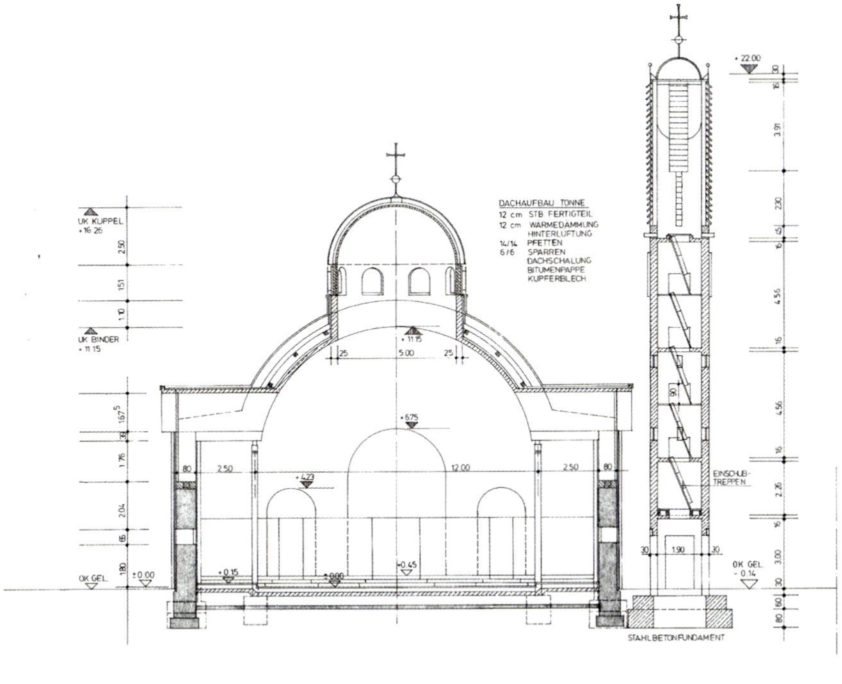


Robert Brannekämper, Querschnitt der Gr.-Orth. Allerheiligenkirche, 22. Mai 1995

verändert durch vorgesetzte Gitter mit halbrunden Formen. Die Erker der Nebengebäude auf der Westseite entfallen und werden durch Balkone ersetzt, wobei das Format der Fenster leicht verschmälert wird.

### Pfarrgebäude und Außenraumgestaltung

Das bestehende Pfarrhaus wird im Grundriss durch neu eingezogene Innenwände dem Raumprogramm angepasst, wobei das Treppenhaus und das Bad über verschiedene Entwurfstände hinweg an der gleichen Stelle belassen werden. Besonders im bestehenden Pfarrgebäude wird der Grundriss zwischen 1991 und 1993 immer wieder geändert. Im Erdgeschoss befinden sich die Mesner-Wohnung sowie ein kleines Gästeappartment mit eigener Dusche. Im Obergeschoss sind zwei weitere Wohnungen lokalisiert. Anders als in der ursprünglichen Baugenehmigung wird in dieser Ausführung das bestehende Pfarrhaus komplett entkernt, mit einer Neuaufteilung der Innenwände.
Im angeschlossenen Neubau hinter dem Kirchraum, der vom Pfarrhaus mit einer Brandwand getrennt ist, befinden sich das Foyer mit Zugang zum Pfarrsaal mit Bühne sowie eine Küche mit Nebenräumen. In den Obergeschossen sind neben Büroräumen auch drei weitere Wohnungen untergebracht.

Brannekämper entscheidet sich bei den Nebengebäuden für ein Mansardendach als gestalterische „Trennung zwischen Kirche und Wohnhaus“[155], aber auch um eine Ähnlichkeit und Zusammengehörigkeit in der Gesamtanlage zu erreichen.

Ein überdachter Gang als Stahl-Glas-Konstruktion führt von der Ungererstraße parallel an der Kirche entlang zum Südeingang.

155 Interview mit Robert Brannekämper am 03. Juni 2022, München.

Robert Brannekämper, Westansicht der Gr.-Orth. Allerheiligenkirche, 13. Dezember 1991

Robert Brannekämper, Westansicht der Gr.-Orth. Allerheiligenkirche, 19. August 1992

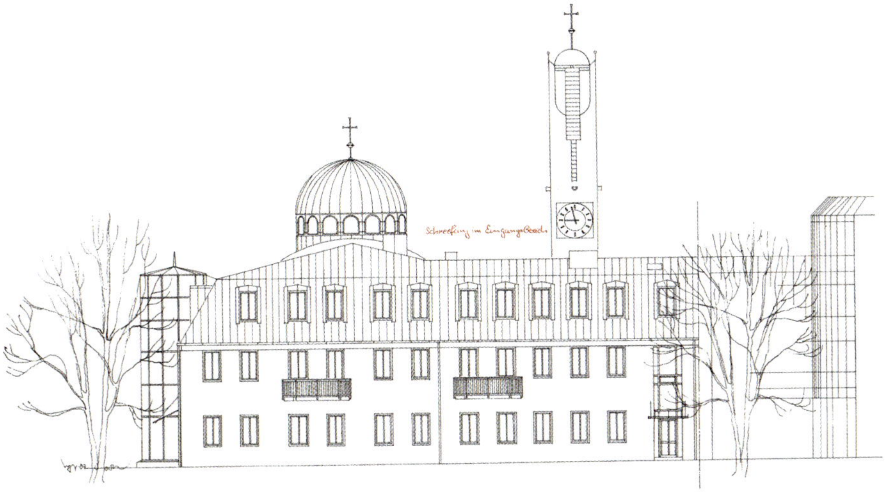

Robert Brannekämper, Westansicht der Gr.-Orth. Allerheiligenkirche, 22. Mai 1995

# Die Umsetzung auf der Baustelle bis zur Einweihung 1993–1995

## Teilabbruch der Allerseelenkirche und Nutzung bestehender Bausubstanz

Im April 1993 einigen sich die Erzbischöfliche Finanzkammer und die Gr.-Orth. Metropolie darauf, dass Letztere einen kleinen Teil der Gesamtbaukosten in Höhe von 12 Millionen DM übernehmen wird, was auch gleichzeitig als „Miete" für Kirche und Pfarrsaal anzusehen sei.[156] Im Juli 1993 wird ein Überlassungsvertrag über die ehemalige Pfarrkirche Allerseelen in der Ungererstraße 131 zwischen der Erzdiözese München und Freising und der Gr.-Orth. Metropolie von Deutschland geschlossen. Darin wird festgehalten, dass die Gr.-Orth. Metropolie sich zunächst mit einem Beitrag von 5% an den Kosten beteiligt, wobei sie sämtliche Kosten für die Innenausstattung übernimmt. Die Überlassung erfolgt zunächst für 29 Jahre – bis 2023, wobei ein zwischenzeitliches Kaufangebot von Seiten der Gr.-Orth. Metropolie jederzeit möglich sei.[157] Tatsächlich wird am 13. Juni 2012 die Auflassungsurkunde für das Anwesen an der Ungererstraße 131 unterzeichnet.[158] Seitdem ist die Gr.-Orth. Metropolie Eigentümerin des Grundstücks.

Der Teilabbruch der Allerseelenkirche beginnt im Oktober 1993 unter der Bauleitung von Horst Danner. Das holzgeschnitzte gr.-orth. kirchliche Inventar wird vorläufig im Karmelitersaal in der Münchner Innenstadt zwischengelagert, welcher von der Erzdiözese München und Freising zur Verfügung gestellt wird. Im gleichen Monat segnet der Ökumenische Patriarch Bartholomaios I. in Anwesenheit von Kardinal Friedrich Wetter die Grundsteinlegung für den neuen Bau der Kirche sowie der anliegenden Gebäude. Davon zeugt der Gedenkstein rechts neben dem südlichen Eingang mit der griechischen und lateinischen Inschrift:

„ΕΝ ΚΟΙΝΩΝΙΑ, ΠΑΝΤΩΝ ΤΩΝ ΑΓΙΩΝ<br>
IN COMMUNIONE OMNIUM SANCTORUM<br>
ΒΑΡΘΟΛΟΜΑΙΟΣ Α΄<br>
ΑΡΧΙΕΠΙΣΚΟΠΟΣ ΚΩΝΣΤΑΝΤΙΝΟΥΠΟΛΕΩΣ,<br>
ΝΕΑΣ ΡΩΜΗΣ / ΚΑΙ ΟΙΚΟΥΜΕΝΙΚΟΣ ΠΑΤΡΙΑΡΧΗΣ<br>
FRIEDRICH CARD. WETTER<br>
ARCHIEPISCOPUS MONACENSIS ET FRISINGENSIS<br>
28.10.1993"

links
Rohbau der Gr.-Orth. Allerheiligenkirche mit Restbestand der Außenwände von der Allerseelenkirche, 1993

156 Brief der Erzbischöflichen Finanzkammer, vertreten durch Horst Danner, an die Gr.-Orth. Metropolie, 13. April 1993 München, Archiv der Gr.-Orth. Allerheiligenkirche München.

157 Überlassungsvertrag zwischen der Erzdiözese München und Freising und der Gr.-Orth. Metropolie von Deutschland, 22. Juli 1993, Archiv der Gr.-Orth. Allerheiligenkirche München.

158 Urkunde 13. Juni 2012 zwischen der Erzdiözese München und Freising sowie der Gr.-Orth. Metropolie, Archiv der Gr.-Orth. Allerheiligenkirche München.

Teilabriss der Allerseelenkirche, 1993

Umbau und Aufstockung der Bestandsmauern, 1994

[In Gemeinschaft mit allen Heiligen.
Bartholomaios I.
Erzbischof von Konstantinopel,
dem Neuen Rom,
und Ökumenischer Patriarch
Friedrich Kardinal Wetter,
Erzbischof von München und Freising
28.10.1993]

Im November 1993 werden die Außenwände der Allerseelenkirche gesichert, da sie als nichttragende Umfassung Teil der neuen Gr.-Orth. Allerheiligenkirche werden sollen. Während der Bauarbeiten von 1993 bis 1995 werden die gr.-orth. Gottesdienste als Ausweichmöglichkeit in St. Jakob am Jakobsplatz abgehalten. Parallel gibt es zusätzliche Gottesdienste in der Ev. Auferstehungskirche im Westend.

## Bauphase und Konstruktion

Die Baustelle gliedert sich in drei Teile – den Umbau des bestehenden Pfarrhauses, den Neubau eines Pfarrhauses mit Büro- und Wohnräumen zwischen bestehendem Pfarrhaus und Kirche sowie den Umbau der bestehenden Kirche und Neubau eines freistehenden Glockenturms.

Der Rohbau der Kirche wird aus einer Kombination von Ortbeton und Stahlbetonfertigteilen errichtet – eine zeit- und kostengünstige Lösung. Dabei werden die bestehenden Umfassungslängswände der Allerseelenkirche als „nichttragende Außenwände“ belassen, in Mauerwerk aufgestockt und 30/80 Zentimeter starke Stahlbetontragpfeiler in die Bestandswände auf neuen Fundamenten eingeschlitzt.[159] Die Dachkonstruktion besteht weitgehend aus Betonfertigteilen, die auf die Baustelle geliefert werden. Dazu gehören die Stichkappen, die Binder und die Verschalung der Haupttonne. Die schlanken Säulen mit 28 Zentimeter Durchmesser und 6 Meter Höhe im Inneren der Kirche wurden im Schleuderbetonverfahren hergestellt, d.h. aus einem dichten, hochfesten Beton mit nahezu geschlossener Oberfläche. Die halbkreisförmigen Primärbinder bestehen aus zwei Viertelbögen-Fertigteilen, überspannen den Kirchenraum auf 17 Meter Breite und wurden am Scheitelpunkt in Ortbeton vergossen. Als Tragkonstruktion der halbförmigen Kuppel wurden vier Sonderbinder in einen Ortbetonring gefasst. Der Tambour basiert in seiner Geometrie auf einem Sechzehneck. Die Kuppel hat eine Höhe von 16,20 Meter und einen Durchmesser von 5 Metern. Dieses für byzantinische Kirchen typische Bauelement findet sich dort oftmals mit einem Durchmesser von mindestens 6 Metern und wird hier gemäß damaligen stati-

159 Höser, „Tonnengewölbe, Stichkappen und Kuppel“, in: Hochbau 6/95, S. 10–11.

Fertigteilanschluss von Stichkappen zu Gurtbögen der Haupttonne, 1994

Ortbeton zur Verbindung der Fertigteile an den Stichkappen und Bindern, 1994

schen Berechnungen von vier Pfeilern getragen. Brannekämper war es wichtig, die Kuppel stützenfrei auf das Dach zu setzen, um eine möglichst freie Sicht auf die Wandmalereien zu erlauben. Die Lastabtragung der Kuppel erfolgte an den Außenwänden, weshalb der Durchmesser etwas geringer als üblich gewählt werden musste.

Am 25. September 1994 erfolgt das Richtfest in der Ungererstraße. Kleinere Anpassungen werden während der Bauzeit im Grundriss vorgenommen. So werden beispielsweise im Inneren der Kirche die geradläufigen Emporentreppen durch eine Wendeltreppe ersetzt, wodurch sich der Kirchenraum fast auf ganzer Länge zum Pfarrsaal öffnen lässt. Der Gesamtraum hat damit ein Fassungsvermögen von 1500 Personen.

Das betonierte Tonnengewölbe erhält eine Wärmedämmung, über der die Leimbinder-Pfetten für die Dachsparren angebracht werden, die die mit Bitumenpappe abgedeckte Verschalung trägt.[160] Für das Dach wurde ein zinnbeschichtetes Kupferblech in Stehfalztechnik gewählt, das seine graue Farbe über die Jahre behält und von Brannekämper als „nobler“ für den Bauauftrag erachtet wurde.[161] Die Haube des Glockenturms wurde aus Stahl gedrückt und anschließend verzinkt. Die Wasserfangkästen und Fallrohre gliedern die Seitenfassaden unterhalb der Bogenenden und zwischen den Achsen.

Im Mai 1995 werden die Pläne der Baugenehmigung nochmals geringfügig geändert: Um die im Durchmesser 5 Meter große Kuppel zu tragen, werden die Stichkappen durch schmale Säulen gestützt, sodass ein möglichst freier Raum entsteht und die Kräfte hauptsächlich durch die Außenwände abgetragen werden. Die Kirche bewahrt im Inneren durch die Rundstützen den Aufbau einer dreischiffigen Basilika mit Kuppel. Die Fenster in der Kuppel werden in ihrer Anzahl reduziert und mit einem Halbrundbogen versehen. Die Rundstützen in ihrer Reihung gliedern auch den Raum in Haupt- und Nebenschiffe.

Neben der Kirche wird freistehend ein 22 Meter hoher Turm in Massivbauweise aus Stahlbeton errichtet. Gegründet wird er auf einem Kreisringfundament 1,60 Meter unter der Geländehöhe. Gekrönt ist er von einer halbkreisförmigen Kuppel mit einem goldenen Kreuz an der Spitze. Der geschlossene Hohlkastenquerschnitt mit den Außenmaßen von 2,50 x 2,50 $m^2$ und 30 Zentimeter Wanddicke ist im obersten (Glockenstuhl) und untersten Geschoss (Eingangsbereich) zu einem Vierstützenquerschnitt mit Stützen von 30 x 30 $cm^2$ aufgelöst. Nach Fertigstellung trägt der Turm drei Glocken, die aus der Glockengießerei Perner in Passau stammen. Für die äußere Gestaltung wurden von Brannekämper bewusst

160 [Ohne Autor], „Wohl gerundet – Verzinntes Kupfer als Dachbekleidung“, in: Sbz20/1996, S. 94–95.
161 Interview mit Robert Brannekämper am 03. Juni 2022 in München.

„südliche Farben" gewählt. Zusätzlich wurde der Grauton der Zinnbeschichtung harmoniert mit den weißen Putzfassaden und dem blauen Ziffernblatt der Uhr auf dem Glockenturm. Das Blau auf dem Ziffernblatt wurde von Brannekämper in Anlehnung an die „Lieblingsfarbe" der Griechinnen und Griechen ausgesucht und stammt von der Firma Philipp Hörz GmbH aus Biberach. Im Inneren wird der Boden durch dunklere Zierbänder definiert.

## Orthodoxe Innenausstattung

Die Innenaustattung kurz vor der Weihe 1995 beschränkt sich auf die notwendigsten Elemente für den orthodoxen Gottesdienst. Aufgrund der zu kleinen Dimensionen wurde die ehemalige Altarwand der Allerseelenkirche als Geschenk an die Kirche der Heiligen Drei Hierarchen in Hannover weitergegeben, wo sie sich noch heute befindet. Die 17 Meter lange und 3,30 Meter hohe Ikonostase aus Eichenholz für die Gr.-Orth. Allerheiligenkirche mit drei Eingängen ist eine Neuanfertigung der Werkstatt Athanassios Chouvardas in Thessaloniki; in sie wurden Ikonen der ehemaligen Altarwand eingesetzt. Nach orthodoxem Verständnis sind in der Ikonostase Vögel und Blattwerk eingearbeitet, um das harmonische Verhältnis zwischen Mensch und Natur zu symbolisieren, sofern Gott in dieser Beziehung anwesend ist. Diese Holzarbeit wurde unter Mithilfe von vier Gesellen innerhalb von sieben Monaten von Hand gefertigt. Der zentrale Kronleuchter wurde von Dimitrios Michailidis aus Thessaloniki angefertigt, während die kleinen emaillierten Lampen von dem Künstler Dimitrios Dallias aus Athen stammen. Der Eingang auf der Nordseite bleibt in der Regel geöffnet. Geschützt wird die Ausstattung durch ein Gitter am Eingang zum Kirchenraum. Ursprünglich sollte sich das Gitter am südlichen Eingang befinden, Brannekämper schlug Erzpriester Malamoussis jedoch vor, diese im Nordeingang anzubringen, da dort die Besuchenden über die Treppe in die Empore hinaufgehen könnten, um die Ausmalung zu betrachten.

Für die Einweihung wurden die liturgisch nötigsten Ausmalungen finanziert, die von der Werkstatt Voutsina aus Thessaloniki stammen. Auf diese Ausmalungen wird in einem späteren Kapitel noch genauer eingegangen.

Durchgehendes, vorgeblendetes Fensterband der in Ortbeton gefertigten Kuppel, 1994

Kuppel und Dach nach Fertigstellung mit zinnbeschichtetem Kupferblech in Grau, 1995

## Umzug und Einweihung

Am 26. Juni 1995 wird die im Karmelitersaal in der Münchner Altstadt zwischengelagerte hölzerne Innenausstattung in die Gr.-Orth. Allerheiligenkirche zurückgebracht. Aus finanziellen Gründen wird der Umzug mit einem kleinen offenen Lastwagen über die Leopoldstraße Richtung Münchner Freiheit bis zur Ungererstraße 131 bewerkstelligt. Die Tore der Kirche werden am 2. Juli 1995 für Besuchende geöffnet.
Bis zur Weihe erfolgen die ersten Ausmalungen der Kirche bei der mittleren Apsis und der Kuppel, sodass der Kronleuchter noch vor der Einweihung aufgehängt werden kann.

Am 15. Oktober 1995 wird die Gr.-Orth. Allerheiligenkirche vom Metropoliten von Deutschland Augoustinos Lambardakis feierlich eingeweiht – in Anwesenheit von Kardinal Friedrich Wetter, Oberkirchenrat Claus-Jürgen Roepke, Generalvikar Robert Simon, der Bayerischen Staatssekretätin für Kultus Monika Hohlmeier, des griechischen Botschafters in Deutschland Joannis Bourlogiannis-Tsangaridis und weiterer Gäste. Dabei werden in den Altar Teile der Gebeine der Hl. Barbara, der Hl. Thekla und des Hl. Vlasios eingefügt. Sämtliche Reliquien wurden auf Anfrage der Gr.-Orth. Metropolie Deutschlands von der Gr.-Orth. Metropolie Österreichs bereitgestellt, die über zahlreiche Reliquien verfügt. Die Überführung aus dem Nachbarland durch den dortigen Metropoliten Michael ließ sich aufgrund der geographischen Nähe leichter bewältigen als aus Griechenland.

Nach dem Weihgottesdienst wird zum Fest im neuen Pfarrzentrum geladen. Einen Tag später, am 16. Oktober 1995, veranstalten die Metropolie und die Erzdiözese München und Freising eine Doxologie, einen Dankgottesdienst. Dieser findet unter Teilnahme von Kardinal Wetter, Kreisdekan Martin Bogdan, Kultusminister Hans Zehetmair und Bürgermeisterin Gertraud Burkert statt. Dabei wird Kardinal Wetter für sein Engagement beim Umbau der Gr.-Orth. Allerheiligenkirche mit der höchsten Auszeichnung der Gr.-Orth. Metropolie, dem Goldenen Kreuz Erster Klasse, ausgezeichnet.

Erzpriester Malamoussis, Ernst Schliffenbacher und Kardinal Wetter bei der Einweihung mit den Reliquien auf dem Tisch, 1995

Umzug der zwischengelagerten Innenausstattung auf der Leopoldstraße, 1995

# Die fortschreitende Ausmalung 1995–2023

## Darstellungszyklen und Wahl der Hagiographenwerkstatt

In der orthodoxen Kirche gibt es eine lange Tradition mit einem festgelegten Programm für die Ausmalung ihrer Gotteshäuser, da diese die pädagogische Aufgabe hat, den Gläubigen die biblische Geschichte zu vermitteln. Das Programm besteht aus den folgenden drei hagiographischen Zyklen: dem dogmatischen Zyklus, dem liturgischen Zyklus und dem historischen Zyklus.

Zum dogmatischen Zyklus gehört, dass am Eingang der Kirche Jesus mit dem Heiligen Evangelium in seinen Händen dargestellt wird. Neben ihm stehen die Jungfrau Maria und der Prophet Johannes. Diese Darstellung befindet sich in der Gr.-Orth. Allerheiligenkirche in München aufgrund der besonderen Architektur im Inneren des Gotteshauses an der Haupttonne und ist beim Eintreten unterhalb der Empore nicht sofort ersichtlich. In der Kuppel wird Jesus als der Allmächtige dargestellt, umgeben von Engeln und Propheten des Alten Testaments. An vier Seiten der Kuppel befinden sich die vier Evangelisten. Hinter dem Heiligen Altar in der zentralen Konche ist die Jungfrau Maria, „die umfassender [...] als der Himmel“ (Πλατυτέρα των Ουρανών) dargestellt ist, weil sie gemäß orthodoxem Glauben den untrennbaren Gott geboren hat und die Brücke zwischen Himmel und Erde ist.

Der liturgische Zyklus gibt vor, dass die heilige Kommunion der Apostel (unter der Platytera) und heiligen Hierarchen, die die Texte der Göttlichen Liturgie geschrieben haben, dargestellt wird. In der kleinen Konche links ist Jesus mit den Symbolen der Passion zu sehen und in der Konche rechts Engel oder Propheten.

Der dogmatische und liturgische Zyklus ist im Hinblick auf die Positionen innerhalb des Gotteshauses, an denen die Ikonographie angebracht wird, jeweils vorbestimmt und darf nicht geändert werden.

Aus dem historischen Zyklus sind an der Decke des Gotteshauses und an den Seitenwänden Darstellungen aus dem Alten Testament in Bezug auf das Erlösungswerk von Jesus sowie Darstellungen aus dem Leben, der Lehre und den Wundern Jesu und Darstellungen von Heiligen zu sehen.

links
Hagiographen bei der Arbeit, 2002

Vollendete Ostwand in der sonst noch weitgehend unbemalten Kirche, 1996

Ausbreitung der vorgemalten Leinwände vor Anbringung, 2005

Beim historischen Zyklus besteht die Möglichkeit, dass der Priester des Gotteshauses in Zusammenarbeit mit dem Hagiographen und den Stiftenden die Platzierung der Darstellungen an verschiedenen Stellen des Gotteshauses vereinbart.

Im Fall der Gr.-Orth. Allerheiligenkirche wurden die großen Darstellungen aller drei Zyklen in Absprache mit Erzpriester Apostolos Malamoussis und der Werkstatt Voutsina ausgeführt, die schon seit 1979 mit der Ausmalung der Kathedrale Agia Trias in Bonn beauftragt war. Die Wahl des Hagiographen Christofanis Voutsinas durch Erzpriester Malamoussis beruht seiner Aussage nach auf zwei Gründen: Einerseits gefiel ihm die Art der Ikonographie der Werkstatt Voutsina nach Makedonischer Malschule mit kräftigeren Farben und ein entscheidendes Kriterium war andererseits die Tatsache, dass Voutsinas Töchter Andromachi und Eleni das Handwerk von ihrem Vater erlernten. So wäre sichergestellt, dass die Kirche auch in Zukunft im gleichen Stil weiter ausgemalt werden könnte, wenn Christofanis Voutsinas eines Tages dazu nicht mehr in der Lage sein würde. Erzpriester Malamoussis empfand es als „unelegant“, die Ausmalung eines Tages durch einen anderen Ikonographen in einem anderen Stil fortsetzen zu müssen. Seit dem Tod von Christofanis Voutsinas im Dezember 2014 führt nun seine Tochter Andromachi Voutsina die Ausmalung der Gr.-Orth. Allerheiligenkirche weiter.

## Ablauf und Fortschreiten der Ausmalungen

Da die gr.-orth. Kirche keine Kirchensteuer bezieht und ausschließlich auf Spenden angewiesen ist, wendet sich Erzpriester Apostolos Malamoussis an wohlhabende Gemeindemitglieder, die als potenzielle Stifter für die Ausmalung in Frage kommen könnten. Mitte der 1990er Jahre betrugen die Kosten für die Ausmalung von kleinstmöglichen Abschnitten mindestens 10.000 DM aufwärts. Die Entwürfe der Ausmalungen wurden den Stiftenden, die die Kosten für die entsprechende Ikonographie übernahmen, in den meisten Fällen vorher gezeigt. Manchmal hatten auch die Stiftenden individuelle Wünsche nach bestimmten Heiligen in der Darstellung, welche jedoch nicht immer erfüllt werden konnten, weil sonst Dopplungen bei den Motiven aufgetreten wären. Für die Umsetzung wurden die Flächen zunächst genau abgemessen. Dann wurden die Entwürfe vom Ikonographen entsprechend den Abmessungen angepasst und in seiner Werkstatt in Thessaloniki auf eine spezielle Leinwand gemalt.

Im Jahr 1995 wird mit der Ausmalung der Platytera (die Gottesmutter, „die umfassender ist als der Himmel“) und dem Abendmahl in der Apsis sowie dem Pantokrator in der Kuppel begonnen. Nach dem Altarraum wird die Haupttonne mit Darstellungen der Wunder Jesu und Szenen aus seinem Leben in zwei Abschnitten fertiggestellt. Sie hatten gegenüber anderen Darstellungen mit

Christofanis Voutsinas, Entwurf für die Ostwand mit Berechnungen zur Fläche, 1995

Heiligen thematisch den Vorrang. 2002 wird die zweite Hälfte der Haupttonne ausgemalt, was den Raumeindruck nochmals deutlich verändert und vollständiger wirken lässt. Ab 2005 wird begonnen, die Seitenwände etappenweise mit Heiligen auszumalen. Wenn die Finanzierung eines Abschnitts gesichert ist, kommen Mitglieder der Werkstatt Voutsina für bis zu drei Wochen – je nach Größe der Ausmalung – nach München, um die vorgefertigten Leinwände an der Wand anzubringen. Dafür wird vor Ort ein Gerüst gemietet, was einen Teil der Kosten ausmacht. Zuerst muss der Putz, auf dem die Darstellung platziert wird, mit einem speziellen Öl gestrichen werden, das die Poren des Putzes versiegelt. Nach 24 Stunden ist die Oberfläche trocken genug, um sie mit Klebstoff zu bestreichen und darauf die Leinwand mit der vorgemalten Darstellung zu platzieren. Die Darstellung wird an einigen Stellen nachbearbeitet. Dies betrifft hauptsächlich die Gesichter und die Kleidung der Heiligen. Im nächsten Schritt wird nochmals ein Klebstoff auf die Flächen aufgetragen, an denen das Blattgold angebracht wird. Zuletzt werden die Schriftzüge der Darstellungen und – falls gewünscht – der Stiftenden angebracht.

Derzeit – Stand Juli 2023 – bleiben nur noch wenige Flächen unbemalt, so beispielsweise die hintersten Felder auf den Emporen. Auf der noch weißen Brüstung der Empore ist eine Darstellung des Heiligen Berges Athos mit seinen Klöstern und stellvertretenden Mönchsheiligen geplant. Am südlichen Eingang ist auf der freien Fläche eine Stiftertafel vorgesehen. Die Decke unter der Empore soll aufgrund des Kerzenrauchs nicht bemalt werden. Dasselbe gilt, auf Empfehlung von Brannekämper, für die Betonstützen, um den Blick nicht von den bemalten Flächen abzulenken und als konstruktives Element sichtbar zu bleiben. Es ist für eine griechisch-orthodoxe Kirche ungewöhnlich, dass die Ausmalung innerhalb von zwei Jahrzehnten auf einer so großen Fläche fast vollständig ausgeführt werden konnte. Zu verdanken ist dies vor allem den persönlichen Bemühungen von Erzpriester Apostolos Malamoussis. Seit der Finanzkrise in Griechenland hat die Spendenbereitschaft spürbar nachgelassen und auch die COVID-19-Pandemie verzögert die weitere Ausmalung seit 2019.[162] Die vorgesehenen Motive sind bereits auf Leinwänden in der Werkstatt Voutsina vorgemalt: Sie warten darauf, mithilfe von letzten Spendengeldern an der Wand angebracht zu werden.

## Ausgewählte Beispiele aus dem historischen Zyklus

Im nächsten Schritt soll auf einige Beispiele aus dem historischen Zyklus genauer eingegangen werden, da die dort gegebenen Freiheiten eine Individualisierungsmöglichkeit für jede Kirche darstellen und die Auswahl oft mit ihrer lokalen

162 Interview mit Erzpriester Apostolos Malamoussis am 01. März 2023, München.

Fresko der Auferstehung im Parekkleision des Chora-Klosters, Konstantinopel (Istanbul), 14. Jahrhundert

Christofanis Voutsinas, Auferstehung in der Gr.-Orth. Allerheiligenkirche, 1995

Geschichte verknüpft ist.[163] Aufgrund der Architektur der Gr.-Orth. Allerheiligenkirche bietet die Ostwand unter dem Tonnengewölbe eine besonders große Fläche für Darstellungen. Der dogmatische Zyklus und der liturgische Zyklus geben lediglich vor, dass die Platytera und das Heilige Abendmahl in die Apsis der Ostwand der Kirche gemalt werden. Wenn in der Kirche zusätzlich Platz über dem Bogen mit der Platytera gegeben ist, dann besteht die Freiheit, eine andere Darstellung zu platzieren, wie etwa die Heilige Dreifaltigkeit.

Erzpriester Malamoussis und Kardinal Wetter haben im September 1994 auf Einladung des Ökumenischen Patriarchen Bartholomaios I.[164] das Chora-Kloster (Kariye-Moschee) in Konstantinopel (Instanbul) besucht, wo sie das Fresko der Auferstehung[165] in der Konche des Altarraums in der ehemaligen Erlöserkirche aus dem frühen 14. Jahrhundert bewunderten. Als Erzpriester Malamoussis später Kardinal Wetter fragt, welche Darstellung seiner Meinung nach an die Ostwand, oberhalb der Platytera passen würde, antwortet Kardinal Wetter spontan, dass die Auferstehung am besten geeignet sei. Erzpriester Malamoussis nimmt seinen Vorschlag sofort an und nutzt als Referenz die Auferstehung des Chora-Klosters, mit der Überlegung, dass die Auferstehung das Zentrum der Lehre des Christentums sei und die Gr.-Orth. Allerheiligenkirche direkt gegenüber dem Nordfriedhof steht, wo die Gläubigen täglich für die Auferstehung von den Toten beten – besonders für die auf dem Nordfriedhof Bestatteten. Die Darstellung der Auferstehung gehört weder in den dogmatischen noch in den liturgischen Zyklus, sondern in den historischen. Ihre Platzierung kann daher frei gewählt werden.

Die Umsetzung der Auferstehungsszene auf der großen Fläche der Ostseite stellt den Ikonographen Christofanis Voutsinas vor eine besondere Herausforderung, da er noch nie eine Darstellung in so großen Dimensionen umgesetzt hat. In seiner Werkstatt kann er die Darstellung der Auferstehung nicht planen und in Originalgröße vormalen, da sie nicht über die räumlich benötigten Kapazitäten für eine solch große Leinwand verfügt. Voutsinas befürchtet, dass eine vorgefertigte Ausführung in seiner Werkstatt am Ende nicht genau zu den Dimensionen der Gr.-Orth. Allerheiligenkirche passen wird. Aus diesem Grund zeichnet er das Motiv der Auferstehung als Entwurf im Maßstab 1:25, dann freihand in 1:1 direkt auf dem Putz vor und führt die Szene im Anschluss als Gemälde an der Wand aus. Während alle anderen Motive der Gr.-Orth. Allerheiligenkirche in der Voutsina-Werkstatt in Thessaloniki entworfen und auf eine spezielle Leinwand vorgemalt werden, ist die Auferstehung das einzige Motiv, das vor Ort gemalt wurde. Christofanis Voutsinas orientiert sich bei der Komposition stark an dem Vorbild des Chora-Klosters, jedoch weichen ein paar Details ab: In der Jesus umgebenden Mandorla werden die Sterne weggelassen und sein Gewand ist nicht ganz weiß, sondern leicht rosafarben. Die Berge werden abgeflacht und geometrisierter dar-

163 Eine ausführliche Publikation, die sich ausschliesslich der Ausmalung der Gr.-Orth. Allerheiligenkirche widmet, ist in den nächsten Jahren von der Gemeinde geplant. Interview mit Erzpriester Apostolos Malamoussis am 01. März 2023, München.

164 Der Ökumenische Patriarch Bartholomaios I. war für die Grundsteinlegung der Gr.-Orth. Allerheiligenkirche im Oktober 1993 von Kardinal Wetter beherbergt worden. Daraufhin lud der Ökumenische Patriarch Bartholomaios I. Kardinal Wetter in das Patriarchat nach Konstantinopel ein.

165 Für eine ausführliche Beschreibung des Auferstehungs-Freskos im Chora-Kloster siehe: Anita Strezova, The Fresco oft he Anastasis in the Chora Church, in: Hesychasm and Art : The Appearance of New Iconographic Trends in Byzantine and Slavic Lands in the 14th and 15th Centuries, Canberra 2014, S. 131–172.

Jesus zeigt sich seinen Jüngern, Psalterium, Würzburg um 1255/1260

Andromachi Voutsina, Entwurf zur Ausmalung in der Gr.-Orth. Allerheiligenkirche, Variante mit mehr Aposteln, 2015

Andromachi Voutsina, ausgeführte Version in der Gr.-Orth. Allerheiligenkirche, 2015

gestellt, da die Darstellung hier in München auf einer großen flachen Wand angebracht ist und nicht auf einer gewölbten Fläche wie in der Konche des Chora-Klosters. Die Anzahl der Figuren ist bei Voutsinas reduziert, jedoch wurde hinter dem Hügel hervorblickend ein Engel und über dem Haupt von Jesus der Engel mit dem Namen „Freude" (Χαρά) hinzugefügt. Die Präsenz des Engels „Freude" in einer Auferstehungsdarstellung geht auf den Byzantinologen Konstantinos Kalokyris (1916–2015) aus Thessaloniki zurück, der darauf verweist, dass dieser auch auf älteren Ikonen der Auferstehung zu sehen sei. Erstmalig setzte Voutsinas den Engel in der Kathedrale der Agia Trias in Bonn um und fügte diesen seitdem in seine Darstellung der Auferstehung auch in anderen Kirchen hinzu.

Eine besondere Stellung in der Geschichte der Gr.-Orth. Allerheiligenkirche nehmen die zwei von Kardinal Wetter gestifteten Ausmalungen ein. Kardinal Wetter erläutert selbst zum ersten Motiv:

> „Auf der einen Seite sehen wir zwei Jünger des Johannes vor Jesus stehen. Der Täufer hatte sie auf Jesus hingewiesen und gesagt: ‚Seht das Lamm Gottes' (Johannes 1,36). Daraufhin machten sich die beiden auf den Weg um zu sehen, wer dieser Jesus ist, und folgten ihm. Jesus wandte sich um und fragte sie: ‚Was sucht ihr?' Sie antworteten: ‚Meister, wo wohnst du?' Er sagte zu ihnen: ‚Kommt und seht!' Da gingen sie mit ihm und wurden seine Jünger. Einer der beiden war Andreas, der Bruder des Petrus. Indem sie Jesus nachfolgten, erkannten sie ihn im Laufe der Zeit immer besser und sahen ihn schließlich an Ostern als den auferstandenen Christus. ‚Kommt und seht!' sagt die Ikone auch zum Betrachter und lädt ihn ein, Jesus nachzufolgen, um zu erkennen, wer er ist."[166]

Die zweite, 2015 von Kardinal Wetter gestiftete Ausmalung zeigt den auferstandenen Jesus dabei, wie er seinen Jüngern nach der Auferstehung den Heiligen Geist spendet, und geht auf einen Vorschlag des Kardinals selbst zurück. Die Darstellung ist ihm besonders wichtig, da sie zeigen soll, dass Ostern und Pfingsten zusammengehören, denn der Heilige Geist sei „das Geschenk des auferstandenen Christus".[167] Als Vorlage für dieses Motiv dient eine hochformatige Miniatur in einem Psalterium aus dem 13. Jahrhundert im Stift Melk in Österreich, die der Kardinal bei einem dortigen Besuch entdeckt hat und als geeignete Ergänzung für die gezeigten Themen bei der Ausmalung der Gr.-Orth. Allerheiligenkirche empfand.

Die Künstlerin Andromachi Voutsina fertigt im Auftrag von Erzpriester Malamoussis zwei Entwürfe für eine querformatige Fläche als byzantinische

166 Interview mit Kardinal Friedrich Wetter am 03. Juni 2022 in München.
167 Ebd.

Interpretation dieser Szene, von denen Kardinal Wetter einen für die Ausführung aussuchen kann. Eine Variante zeigt elf Jünger und die andere acht.[168] Letztendlich entscheidet er sich für die Version mit weniger Figuren, da sie in der Komposition weniger gedrängt wirkt. Das gesprochene Wort Jesu, „Friede sei mit euch [...] Empfangt [den] Heiligen Geist" (Johannes 20,19-23), von zentraler Bedeutung für Kardinal Wetter, ist dabei von Voutsina mit dünnen Strahlenlinien dargestellt. Die Umsetzung erfolgt innerhalb von sechs Monaten und die Ausmalung wird Ende Oktober 2015 in Anwesenheit von Kardinal Wetter und der Künstlerin Andromachi Voutsina enthüllt. Diese Ausmalung nimmt eine herausragende Stellung ein, denn sie stellt für die Ikonographie der Orthodoxie eine Premiere dar: Dieses Motiv findet sich in keiner orthodoxen Kirche und wurde in der byzantinischen Malerei der gr.-orth. Kirche erstmalig in Auftrag gegeben. Auch in der Malerei der römisch-katholischen Kirche ist die Darstellung unüblich.

Kardinal Wetter beschrieb die Bedeutung der Ikonen in der Gr.-Orth. Allerheiligenkirche in München folgendermaßen:

> „Die Menschen, die in diese Kirche kommen, schauen die Bilder an, aber die Ikonen schauen auch sie an und zeigen ihnen Personen und Ereignisse der Heilsgeschichte. Die frohe Botschaft, die uns die Heilige Schrift verkündet, wird uns hier vor Augen geführt. Die Ikonen laden uns ein, diese Botschaft in uns aufzunehmen."[169]

168 Theologisch vollständiger ist die Darstellung mit elf Jüngern, denn nur Thomas war bei dieser Begebenheit abwesend.

169 Interview mit Kardinal Friedrich Wetter am 03. Juni 2022, München.

# Zur architektonischen Gestalt

## Katholische Formbedürfnisse und lokale Referenzen

Als Brannekämper den Auftrag erhält, eine orthodoxe Kirche an der Ungererstraße zu planen, ist ihm bewusst, dass die Formensprache eine andere sein müsse als die der Kirchen in Griechenland, da die Umsetzung des Baus auf die Genehmigung der Nachbarn und des Bauamts angewiesen sein würde.[170] Die Gestalt der Kirche wird entsprechend stark von der unmittelbaren Umgebung beeinflusst, aber auch von lokalen Referenzen des hauptsächlich katholisch geprägten Bayerns. Im Folgenden sollen einzelne Bauelemente nach ihren möglichen Vorbildern aufgeschlüsselt werden.

Auffälligstes Element in der Formgestaltung der Gr.-Orth. Allerheiligenkirche ist der proportional schmale Turm, der ungewöhnlich für eine orth. Kirche ist. Freistehene Glockentürme, wenn überhaupt vorhanden, werden als Volumen niedriger gesetzt; das griechische Stadtbild wird eher von den aus der byzantinischen Zeit üblichen Kuppeln dominiert. Gemäß dem orthodoxen Verständnis symbolisieren Kuppeln den „die Decke übersteigenden Glauben der Gläubigen hinauf zu Gott"[171]. Niedrigere Glockentürme prägen in Griechenland den Sakralbau, insbesondere in Regionen, die erdbebengefährdet sind.

Auch die auf allen Seiten sichtbaren Uhren des Glockenturms in München sind ungewöhnlich für eine gr.-orth. Kirche und eher typisch für katholische Kirchtürme. Der verputzte Turm ist zu allen Seiten gleich gestaltet. Er erinnert eher an lokale kath. Kirchen der zweiten Hälfte des 20. Jahrhunderts mit Schallöffnungen im oberen Bereich, wie beispielsweise St. Willibald in Pasing, erbaut 1958 von Hansjakob Lill. Eine gewisse Verwandtschaft, insbesondere in der Farbgestaltung, besteht auch mit dem 41 Meter hohen Glockenturm von St. Lantpert in Freising von 1983, erbaut von Hans Hofmann und Franz Altmann. Das kath. Pfarrzentrum St. Christoph in München-Fasanerie besitzt das gleiche Ziffernblatt wie die Gr.-Orth. Allerheiligenkirche und wurde ebenfalls 1993 errichtet.[172] Diese Beispiele lösen sich im oberen Teil an den Ecken in vier kleinere Volumina auf und zeichnen sich durch markante Einschnitten als Schallöffnungen aus.

links
Blick hinauf zum Turm der Gr.-Orth. Allerheiligenkirche

170 Interview mit Robert Brannekämper am 03. Juni 2022, München.
171 Interview mit Erzpriester Apostolos Malamoussis am 01. März 2023, München.
172 Monika Römisch, Die Kirchen der Pfarrei St. Christoph München-Fasanerie, Lindenberg im Allgäu 2021.

St. Willibald in Pasing, erbaut 1958

St. Lantpert in Freising, erbaut 1983

St. Christoph in München, erbaut 1993

Das Hauptvolumen der Gr.-Orth. Allerheiligenkirche weist eine bemerkenswerte Ähnlichkeit zur Herz-Jesu-Klosterkirche von Alexander von Branca[173] und Herbert Groethuysen in der Münchner Buttermelcherstraße auf. Diese Ähnlichkeit drückt sich sowohl in der Form, als auch in der Materialität aus. Brannekämper ist mit dem Werk von Brancas vertraut, den er als einen der „besten Kirchenbauer in Bayern" wertschätzt.[174]

Zwischen 1953 und 1955 geplant und erbaut ist die Herz-Jesu-Kirche als Teil einer Niederbronner Klosteranlage mit Mädchenwohnheim die erste Kirche in schalungsroher Stahlbeton-Skelettbauweise in München. Das Dach der Kirche ist dort eine Betonschalenkonstruktion mit mittlerweile grün oxidierter Kupferdeckung. Die Geometrie des dreischiffigen Raums mit Tonnenschale über dem Hauptschiff und Stichkappen über den Seitenschiffen findet sich ebenso in der Gr.-Orth. Allerheiligenkirche, wenn auch mit anderer Lichtführung: In der Herz-Jesu-Kirche wird der Altarraum durch ein Oberlicht großzügig erhellt. Während die Seitenwände aus Trümmerziegel-Ausfachungen in der Herz-Jesu Kirche geschlossen sind, sind sie in der Gr.-Orth. Allerheiligenkirche durch Fenster im oberen Bereich geöffnet. Das Dach der Quertonnen ist durch die Fertigteile stärker nach außen über die Längsfassaden hervorgezogen. Durch das kürzere Schiff, den engeren Grundriss und die Struktur aus Sichtbeton mit viereckigen Pfeilern wirkt der Raum in der Kirche an der Buttermelcherstraße wesentlich gedrungener und intimer als das bunte, weitläufiger erscheinende Innere der ausgemalten Gr.-Orth. Allerheiligenkirche. Das Motiv des griechischen Kreuzes vor einer tiefer gelegten kreisrunden Nische findet sich in der Herz-Jesu-Klosterkirche im Innenraum auf der Altarwand. Das gleiche Motiv, ein ausgehöhlter Kreis mit abgesetztem griechischen Kreuz, findet sich an der Ostseite der Gr.-Orth. Allerheiligenkirche, jedoch an der Außenfassade. Beide Fassaden werden durch Fallrohre an den Tiefpunkten der Stichkappen gegliedert. Dabei ist die Herz-Jesu-Klosterkirche mit nur vier Fassadenachsen auf jeder Seite deutlich kürzer – die Gr.-Orth. Allerheiligenkirche ist in sieben Achsen aufgeteilt.

1995 wird die Herz-Jesu-Klosterkirche kernsaniert und 1999 für die Denkmalliste nachqualifiziert, 44 Jahre nach ihrer Weihe. Eine voreilige Analogie würde für die Gr.-Orth. Allerheiligenkirche die Prognose bedeuten, dass sie etwa im Jahre 2040 in die Debatte über ihr Potenzial als Denkmal kommen könnte. Im folgenden Kapitel soll für diese Zukunft schon jetzt ein Anstoß gegeben werden.

Es sind Anklänge an Hans Döllgast[175], die sich sowohl im Werk von Brancas als auch bei Brannekämper finden lassen. Von Branca hat Zeichnen bei Döllgast studiert, dessen „Zeichenart eine ganze Architektengeneration geprägt hat"[176]. Brannekämper begegnet Döllgast durch seine bauliche Tätigkeit während des Zeichnens in der Basilika St. Bonifaz 1962, wo Döllgast ihm empfiehlt „die vielen

173 Alexander von Branca (1911–2011) studierte Architektur an der Technischen Hochschule München und realisierte zahlreiche Werke im süddeutschen Raum, darunter zahlreiche Kirchen, Schulen und auch die Neue Pinakothek in München. Die Anlage in der Buttermelcherstraße blieb die einzige Zusammenarbeit mit Herbert Groethuysen (1921–2020).

174 Interview mit Robert Brannekämper am 20. Oktober 2022, München.

175 Hans Döllgast (1891–1974) war Professor für Architekturzeichnen und Raumkunst an der Technischen Hochschule München und maßgeblich am Wiederaufbau zahlreicher Münchner Bauwerke beteiligt, u.a. der Alten Pinakothek, der Residenz und der Abtei St. Bonifaz.

176 Alexander von Branca, Facetten eines Lebens, Bad Tölz 2001, S. 46.

Robert Brannekämper, Stichkappen an der Südseite der Gr.-Orth. Allerheiligenkirche, erbaut 1993–1995

Alexander von Branca und Herbert Groethuysen, Stichkappen an der Herz-Jesu-Klosterkirche München, erbaut 1953–1955

Striche beim Zeichnen zu reduzieren". Döllgast wird ihm ein „Vorbild für außergewöhnliche Zeichenkunst"[177] bleiben. Die Zeichnungen von Döllgast für den Wiederaufbau von St. Bonifaz zeigen auch eine Variante mit stark formalisierten Fenstern, deren Form an die ursprüngliche Pilzform der Kirchenfenster von Brannekämper erinnert. Auch wenn dies als direkte Referenz unwahrscheinlich ist – zwischen der Begegnung mit Döllgast liegen zum Zeitpunkt des Kirchenentwurfs von Brannekämper 30 Jahre –, so ist es doch eine genuine Münchner Architektursprache, in der Brannekämper aufgewachsen und von der er geprägt ist.

Eine weitere Spur von Brannekämpers Architektursprache führt zu einem anderen Döllgast-Schüler, dem Architekten Karljosef Schattner[178], der als Leiter des Diözesanbauamts in Eichstätt mit seinem Architekturverständnis über drei Jahrzehnte die Bauten im Auftrag der römisch-katholische Kirche in Bayern prägte. Brannekämper kennt das Werk Schattners „aus der Literatur", ist ihm persönlich jedoch laut eigener Aussage nie begegnet.[179] Es ist insbesondere die Kombination aus bewusst gesetzten sichtbaren dunklen Stahlelementen im Kontrast zu weiß verputzten Flächen, die bei Brannekämper in der Zeit nach Schattners Hauptschaffensperiode auftaucht und an seinen Stil erinnert. Im Entwurfsprozess erscheinen bei Brannekämper die Stahlelemente erst auf dem letzten Planstand 1995. Diese tektonischen Gesten der Betonung einzelner Bauelemente finden sich an der Gr.-Orth. Allerheiligenkirche beispielsweise über den vier untersten Turmöffnungen platziert sowie an den Traufen der Nebengebäude. Bei Letzteren treten die Stahlträger optisch in den Schatten des leicht überstehenden Dachs zurück. Sie wirken architektonisch abstrahiert und bilden einen Gegensatz zu den Rundstützen an der Fassade vor dem Gemeindezentrum, die eher corbusianische Assoziationen von Piloti und Platte evozieren und nicht die erzählerische Sprache der Konstruktion teilen, wie sie sich in den sichtbaren Stahlstürzen ausdrückt. Schattner setzt das gleiche Piloti-Thema ein paar Jahre früher 1988 in der transparenten Treppenhalle der Universitätsmensa in Eichstätt ein[180], übersteigert die Eigenständigkeit der Säulen als architektonisches Element jedoch durch eine andere Materialität.

Die wesentlichen Erschließungsräume sind wie in Schattners Werken auch in dem Beispiel von Brannekämper aufgeglast: Das Treppenhaus des Nebengebäudes ist im letzten Planstand ein hervorstehender transparenter Zylinder und die Besuchenden werden von einem nur durch Stützen und Dach definierten Erschließungsgang zum südlichen Eingang der Kirche geleitet. Der gekonnte Einsatz einzelner Stahlteile und ganzer Stahlkonstruktionen bei der Gr.-Orth. Allerheiligenkirche in München ist nur mit Schattner als eines architektonischen Vorbilds in den katholischen Reihen der 1980er Jahre zu begreifen.

177 Robert Brannekämper, Faszination Türme, Eigenpublikation, München 2019, S. 1.

178 Karljosef Schattner (1924–2012) studierte zwischen 1949 bis 1954 an der Technischen Hochschule München, unter anderem bei Döllgast und Franz Hart. 1957 wurde er Leiter des Diözesanbauamts in Eichstätt und übernahm von 1972 auch die Leitung des Universitätsbauamts der Katholischen Universität Eichstätt.

179 Interview mit Robert Brannekämper, 6. Juni 2023 am Telefon.

180 Karljosef Schattner, „Mensa der Universität Eichstätt", in: Bauen in Beton, 1990/91, S. 12–19, hier S. 18.

Robert Brannekämper, Südeingang mit überdachtem Gang der Gr.-Orth. Allerheiligenkirche, erbaut 1993–1995

Karljosef Schattner, Mensa der Universität Eichstätt, erbaut 1986–1988

Robert Brannekämper, Nordseite mit Eingangsportal zur Kirche und Eingang zum Gemeindezentrum, erbaut 1993-1995

Karljosef Schattner, Umbauten in Schloss Hirschberg bei Beilngries, ausgeführt 1987–1992

Ag. Panteleimon in Kalamaria, erbaut 1983–2004

Ag. Theodosia in Pyrgos auf Santorini, erbaut 1965

Eine grundlegende Haltung unterscheidet jedoch Brannekämpers Herangehensweise bei der Gr.-Orth. Allerheiligenkirche von demjenigen Schattners und Döllgasts: Das bewusst inszenierte Nebeneinander von Alt und Neu oder die Ablesbarkeit von historischer Substanz wird nicht zum zentralen Thema erhoben, was wohl auch darauf zurückzuführen ist, dass die Allerseelenkirche von mehreren Seiten als unbedeutender Bestand bewertet wird. Dafür gelingt es Brannekämper mit dem strahlend weißen „Umbau“, die plastisch arbeitende Moderne nochmals sprechen zu lassen und Bilder der archaisch primitiven Inselarchitektur in Griechenland, wie sie der Congrès Internationaux d'Architecture Moderne (CIAM) 1933 für sich entdeckte, am Ende des 20. Jahrhunderts erneut aufleben zu lassen.

## Orthodoxe Formensprache und Bezüge zur „weißen“ Architektur der Kykladen

Im Folgenden sollen die orthodoxen Elemente des Baus in seiner Außengestaltung genauer betrachtet und Einflüsse stereotypischer Bilder griechischer Architektur, insbesondere der Kykladen, diskutiert werden.

Die zeitgleich entstehenden Kirchen in Griechenland sprechen in ihrer Gestalt und Materialität eine gänzlich andere Formensprache als die Gr.-Orth. Allerheiligenkirche in München. Dort dominiert bei Neubauten weiterhin der Kreuzkuppelbau mit Tambour nach byzantinischem Vorbild.[181] Auch in der amerikanischen Diaspora setzen sich seit den späten 1980er Jahren Kirchen mit einem byzantinischen Erscheinungsbild durch, „wahrscheinlich zufällig im Einklang mit dem Postmodernen Geschmack für historische Referenzen“[182]. Die aus Ortbeton errichteten Kirchen auf dem griechischen Festland werden häufig mit einer Steinfassade verkleidet. Stellvertretend dafür sei an dieser Stelle die Kirche Agios Panteleimon (Αγίου Παντελεήμονα) in Kalamaria erwähnt, die Brannekämper während ihrer Bauzeit bei seiner Griechenlandreise besucht hat. Die Ostseite des Ag. Panteleimon zeigt ebenso drei Apsiden mit einer Haupttonne und niedrigeren Seitenschiffen. Die Kreuzkuppelkirche in Kalamaria war zum Zeitpunkt des Besuchs von Brannekämper noch nicht verkleidet – später wurde dem Betonbau ein Naturstein vorgeblendet. Das Motiv der drei Apsiden ist typisch für dreischiffige Basiliken mit und ohne Kuppel. Es findet sich bereits in der Kirche des Hl. Nikonas in Sparta aus dem 7. Jh. n. Chr.

Mit ihren weiß verputzten Fassaden evoziert die Gr.-Orth. Allerheiligenkirche auch stereotypische Bilder einer strahlend „weißen“ Architektur, wie sie auf den Kykladen und Sporaden zu finden ist. Brannekämper entscheidet sich bewusst für weißen Glattputz, da für ihn dies das Inbild einer „griechischen Kirche“ ist, wie sie auch von „jeder Postkarte“ bekannt sei.[183] Insbesondere die auf einfachen

181 Friedbert Ficker, „Tendenzen religiöser Kunst in Griechenland“, in: Das Münster, Nr. 49, 1996, S. 152–154, hier S. 153.

182 John James Yiannidis, „Coping with the imported past – A theme in Greek and Greek American Church Architecture“, in: Αναθέματα εορτικά, Mainz am Rhein 2009, S. 318–323, hier S. 323.

Geometrien basierenden weißen Kirchen mit blauen Kuppeln auf Santorini werden auf der ganzen Welt als Stereotyp der regionalen Architektur Griechenlands wahrgenommen, was unter anderem auf jahrelange, gezielte Kampagnen der Nationalen Griechischen Tourismus-Organisation zurückgeht.[184] Dabei dominiert die weiße Farbe auf den Inseln vor allem aufgrund eines Dekrets des Diktators Ioannis Metaxas, demzufolge die Häuser auf den Kykladen einheitlich weiß zu streichen waren, um den Ausbruch der Cholera einzudämmen, während die Bauwerke zuvor auch in natürlicheren Farben verputzt waren – zum Schutz vor Piraten.[185] In der Moderne verbreitet sich das Sehnsuchtsbild der griechischen Inselarchitektur der Kykladen und Sporaden unter Architekten auf dem CIAM Kongress 1933 durch Fotografien von Sigfried Giedion, die dessen „Wertschätzung der Einheit zwischen dem gebauten Artefakt und seiner natürlichen Umgebung unterstreichen“[186]. Auch Le Corbusier preist in seinem 1939 zuerst erschienenen Text „Le voyage en Grèce“ die kykladischen Häuser: „...[ich] ignorierte, dass die Häuser der Kykladen, diese strahlend weißen Blumen, als Beweis, zu unserem großen Trost, immernoch am Blühen waren.“[187] Damit bezieht sich Le Corbusier auf die fortlebende, jahrhundertealte Bautradition der Inseln, die den menschlichen Maßstab bewahrt hat.

Das zeitgenössische Bild der Kykladen ist das komplexe Produkt einer historischen Entwicklung, der touristischen Erschließung sowie der retrospektiven Projektionen von Architekten und Gelehrten.[188] Santorini erfährt insbesondere durch das starke Erdbeben von 1956 einen Wiederaufbau mit modernen Forminterpretationen. Die in der Hauptstadt Fira durch das Erdbeben schwerbeschädigte neoklassizistische Basilika der sogenannten Panagia tou Belonia (Παναγία του Μπελώνια), angelehnt an den Namen der Gründerfamilie, mit Doppelturmfassade von 1827, wurde abgerissen und durch die gänzlich weiße gr.-orth. Kathedrale der Ypapanti mit den charakteristischen runden Formen und einem vorgelagerten Bogengang mit alleinstehendem Turm ersetzt. Dies zeugt von dem stetigen Bedürfnis nach neuen Stilen: Nach dem Neoklassizismus im 19. Jahrhundert ist es Mitte des 20. Jahrhunderts eine Moderne mit starken regionalen Einflüssen, die das Verständnis der Architekten auf Santorini prägen.

Es sind Assoziationen weißer Architektur wie die der Metropoli Ypapanti und anderen Inselkirchen der Kykladen, die die Gr.-Orth. Allerheiligenkirche unbewusst hervorruft.

Tatsächlich repräsentiert die „weiße“ Architektur der Kykladen nur einen kleinen Teil der vielfältigen Architektur Griechenlands und unterscheidet sich von den Bauwerken anderer Inseln und des Festlandes, von woher die meisten Menschen griechischer Abstammung in München ursprünglich kommen. Umso bemerkenswerter ist es, dass Brannekämper in der Gestaltung Anschlüsse an die

183 Interview mit Robert Brannekämper 28. März 2023 am Telefon.
184 Myrto Stenou, "Live your Myth in Greece: Towards the Construction of a Heritage Identity", in: Heritage, Nr. 2, Basel 2019, S. 1640–1661; doi:10.3390/heritage2020101.
185 Ebd., S. 1647.
186 Martina Kousidi, „Through the Lens of Sigfried Giedion – Exploring Modernism and the Greek Vernacular in situ", in: RIHA Journal Nr. 0136, 15. Juli 2016, [23].
187 Siehe: Giorgos Simioforidis (Hrsg.), Le Corbusier – Texte zu Griechenland, Athen 1987, S. 161.
188 Myrto Stenou, "Live your Myth in Greece: Towards the Construction of a Heritage Identity", in: Heritage, Nr. 2, Basel 2019, S. 1640–1661; doi:10.3390/heritage2020101, S. 1649.

„weiße" Architektur Griechenlands sucht. Verputzte Fassaden wie an der Gr.-Oth. Allerheiligenkirche fügen sich zugleich aber auch in das Münchner Stadtbild ein und passen in diesem Fall auch in den vorgegebenen engen Kostenrahmen des Bauprojekts. Die Menschen mit griechischen Wurzeln, die die Gr.-Orth. Allerheiligenkirche regelmäßig besuchen, fühlen sich an ihr Heimatland erinnert und empfinden den Bau als gelungen, auch wenn er architektonisch eine eigenwillige Sprache spricht.[189]

Die Eigeninterpretation bei der Gr.-Orth. Allerheiligenkirche im Bezug auf „typisch" orthodoxe Architektur wird auch deutlich mit Blick auf das fast zeitgleich entstandene serbisch-orthodoxe Ensemble in der Putzbrunner Straße. Während das 1994 eröffnete Kirchenzentrum im vorderen Bereich des Grundstücks von Stephan Braunfels geplant wurde, stammt die Planung für die 1996 geweihte Kirche „Heiliger Märtyrer Jovan Vladimir" vom Architekten Otto Dreiner aus dem Büro Drexler und Partner. Diese Kirche spricht sowohl im Volumen als Kreuzkuppelkirche als auch in der Materialität mit ihrer Klinkerfassade eine viel traditionellere Formensprache.

## Stilübergang: die Postmoderne überwindende Tendenzen

Die Gr.-Orth. Allerheiligenkirche ist neben den durch die spezifische Bauaufgabe bereits erörterten religiösen und lokalen Formeinflüssen auch geprägt von damaligen weitläufigeren Tendenzen in der Architekturformensprache. Der Umbau in den 1990er Jahren fällt in die Epoche der sog. „Zweiten Moderne", die „die dekorative Erzählfreudigkeit einer historisierenden Postmoderne zurücklassen"[190]. Ganz konkret lässt sich an den Fassadenständen zwischen 1993 und 1995 geradezu beispielhaft das „Versickern" der Postmoderne ablesen: Mit jedem neuen Plan nähert sich Brannekämper einem Stil, der bereits eine Architektursprache der frühen 2000er Jahre andeutet, die von einer einfachen Formensprache geprägt ist. Die Gr.-Orth. Allerheiligenkirche entsteht noch vor dem Bundeskanzleramt in Berlin, entworfen von den Architekten Axel Schultes und Charlotte Frank. Der Wettbewerb wurde im gleichen Jahr der Grundsteinlegung der Kirche 1993 ausgeschrieben und die Fertigstellung erfolgt 2001. Die schlanken hohen Stützen mit verschmälertem Kapitell, Wandschlitzen und halbkreisförmigen Motiven sowie die weiße Farbigkeit der Außenwände bei beiden Gebäuden erlauben es, durchaus von einer zeitgenössischen Verwandtschaft in der Architektursprache zu sprechen. Gleichzeitig steht der Entwurf der Gr.-Orth. Allerheiligenkirche an der Schwelle eines neuen Zeitalters, ohne diese zu übertreten: Sämtliche Pläne sind noch von Brannekämper und seinen Mitarbeitenden von Hand gezeichnet.

189 Die Autorin führte mehrere informelle Gespräche mit verschiedenen Gemeindemitgliedern griechischer Herkunft im Rahmen der Arbeit, die dies bestätigten.
190 Heinrich Klotz, Architektur der Zweiten Moderne – Ein Essay zur Ankündigung des Neuen, Stuttgart 1999, S. 10.

Dennoch verbleiben einige postmoderne, historisierende Formen in der Ausführung der Kirche. Im Folgenden sollen dazu einige Beispiele untersucht werden.

Zum einen ist da die Verkleidung der Stahlbetonkuppel mit einem durchgehenden Fensterband mit vorgesetzten Rundbogen-Metallrahmungen. Sie suggeriert nach außen das Bild einer „schwebenden" Kuppelhaube, deren Leichtigkeit mit der Stahl-Glas-Konstruktion des Außenraums und des gläsernen Treppenhauses korrespondiert. Im Inneren entsprechen die gesetzten Fenster der Konstruktion in Stahlbeton. Die dazwischenliegende Fläche bietet zusätzlichen Platz für die Ausmalung.

Die kreisrunden Bullaugenfenster im unteren Abschnitt der Fassade sind ebenfalls ein Element, dass bei als „postmodern" bezeichneten Bauten immer wieder auftaucht und bei von Primärformen abgeleiteten Fenster generell die Öffnungen prägen. In der Gr.-Orth. Allerheiligenkirche haben sie neben einem gestalterischen auch einen praktischen Hintergrund: Da sich auf dieser Höhe die Bestandsmauern der Allerseelenkirche befinden, sind runde Bohrungen dort technisch einfacher und auch kostengünster zu bewerkstelligen.

Die schlanken Stützen im Innenraum sind oben durch drei umlaufende Rillen fein artikuliert. Das verschmälerte Kapitell deutet darauf hin, dass die Lastabtragung hauptsächlich über die Außenwände erfolgt. Der darauf aufliegende Architrav weist nochmals drei Faszien wie bei einem griechischen Tempel auf.

Es ist durchaus im Geist der Postmoderne, Stilelemente aus verschiedenen Epochen und Kulturkreisen zu vereinen. Jedoch ist die Gestaltung „nüchterner" und nimmt sich vornehm zurück, um den nach der Fertigstellung angebrachten Ausmalungen Raum und Fläche zu bieten.

Säulendetail in der Gr.-Orth. Allerheiligenkirche, 1995

# Ausblick proaktive Denkmalpflege

## Potenzial als Denkmal

Mit der Veröffentlichung der Geschichte des Baus stellen sich Fragen für seine Zukunft: Auch wenn die Denkmalpflege erst beginnt, die sogenannte Postmoderne (1970er, 1980er, 1990er) in den Blick zu nehmen, so stellt sich – gerade bei einem Bestand aus jüngerer und jüngster Vergangenheit, der noch weitgehend erhalten ist – die Kernfrage, wie die Kriterien in Zukunft gesetzt werden, nach welchen ein Bauwerk der vorherigen Generation als denkmalwürdig eingestuft wird.

Gemäß dem Bayerischen Denkmalschutzgesetz werden Denkmäler als „von Menschen geschaffene Sachen oder Teile davon aus vergangener Zeit, deren Erhaltung wegen ihrer geschichtlichen, künstlerischen, städtebaulichen, wissenschaftlichen oder volkskundlichen Bedeutung im Interesse der Allgemeinheit liegt"[191] definiert. Die Gr.-Orth. Allerheiligenkirche ist ein Beispiel dafür, dass der Sakralbau neben künstlerisch-gestalterischen Aspekten, auch aufgrund seiner Geschichte, seiner Bedeutung für die ökumenische Zusammenarbeit und seinem sozialen Wert für die Integration die Eigenschaften eines Denkmals besitzen kann und damit schon jetzt eine herausragende Stellung unter den jüngeren Münchner Kirchen einnimmt.

Dabei dient diese Kirche in erster Linie einer konfessionellen Minderheit als Kultstätte und ist für „die Allgemeinheit", die nicht Teil dieser spezifischen Glaubensgemeinschaft ist, in der Wahrnehmung innerhalb der Stadt eher unscheinbar. Für die griechisch-orthodoxen Gläubigen ist der Standort an der Ungererstraße zweitrangig. Die Teilnehmenden der Gottesdienste strömen aus den verschiedensten Stadtteilen herbei und verursachen jährlich bei großen Festen mehrstündige Sperrungen des betroffenen Abschnitts der Ungererstraße. An Sonntagen wird die Kirche zu Gottesdienstzeiten durchschnittlich von etwa 300 Menschen aufgesucht. Während in Deutschland seit Jahren ein stetiger Anstieg der Kirchenaustritte zu beobachten ist, wenden sich die Griechinnen und Griechen im Ausland verstärkt der Kirche ihrer Vorfahren zu, „mit der das Leben ihrer Nation und das eigene historisch, geistig und sentimental verbunden ist"[192].

links
Südhof der Gr.-Orth. Allerheiligenkirche, Blick durch die Turmstützen

191 Art. 1 Abs. 1 BayDSchG.
192 Anastasios Kallis, „Griechische Identität und Orthodoxie", in: Dienst am Volk Gottes, Herten 1992, S.77–93, hier S. 86.

Demontage der Schilderbrücke vor der Gr.-Orth. Allerheiligenkirche, 2009

Allerseelenkirche mit Schilderbrücke, 1991

Auch die Stadt München erkennt die wertvolle Signalwirkung der Gr.-Orth. Allerheiligenkirche an der Ungererstraße zusätzlich an, in dem sie ihr Anfang Mai 2009 zu einer neuen Sichtbarkeit verhilft: Auf Anregung von Erzpriester Malamoussis wird die vier Spuren überspannende Autobahn-Schilderbrücke vor der Kirche unter Aufsicht des Baureferats in einer Nacht abmontiert, um so von der Straße her eine bessere Sicht auf das Bauwerk zu gewähren.[193] Die Kosten der nächtlichen Aktion in Höhe von 15 000 Euro übernimmt die Stadt München.

Nicht zuletzt ist die Gr.-Orth. Allerheiligenkirche auch ein Beispiel das verdeutlicht, wie breit der Interpretationsspielraum für „Umbau" in den 1990er Jahren ist. Denn das Projekt der gr.-orth. Kirche an der Ungererstraße auf den Mauern der Allerseelenkirche kommt in seiner Umsetzung und Erscheinung im Grunde einem Neubau gleich. Welche Berechtigung der Begriff „Umbau" in diesem Zusammenhang noch haben kann, könnte kritisch hinterfragt werden, denn abgesehen von rückgebauten Außenwänden ist nichts vom Vorgängerbau erhalten geblieben. Und doch beeinflusst der Vorgängerbau in gewisser Weise maßgeblich den Entwurfsprozess, denn letztlich musste mit dem vorhandenen architektonischen „Korsett" gearbeitet werden.

Die Gr.-Orth. Allerheiligenkirche steht demnach für einen radikalen Umbau von Bestandsarchitektur, der mehr dem „pragmatischen" Zweck der Umgehung von Baulinien dient, als den materiellen Wert der Bausubstanz zu nutzen oder der Romantik einer Weiternutzung ehrwürdiger Mauern zu folgen. Kirchenumnutzungen sind seit Jahrzehnten als Bauaufgabe bekannt, jedoch ist es die Ausnahme, dass ein bestehendes Gotteshaus für eine andere Konfession umgewandelt wird.

Dieses Buch ist also auch als ein Appell dafür zu verstehen, die Denkmalpflege früh genug in den Planungsprozess eines Bauwerks einzuschalten, denn nur so könnte vermieden werden, dass die Gr.-Orth. Allerheiligenkirche einmal nicht das gleiche bauliche Schicksal ereilen wird wie die Allerseelenkirche.

Je mehr über die Geschichte eines Bauwerks öffentlich bekannt ist, desto mehr Wertschätzung wird ihm entgegengebracht. Wäre das Projekt zur Oberkirche von Steidle den Behörden und den an der Planung Beteiligten bekannt gewesen, wäre die Gr.-Orth. Allerheiligenkirche vielleicht völlig anders entworfen worden, vielleicht sogar auf einem anderen Grundstück. Dass die Griechinnen und Griechen heute an diesem Standort Gottesdienst feiern können, ist das Ergebnis zahlreicher glücklicher Fügungen. Der in diesem Buch dargelegte vielschichtige Wert verleiht der Gr.-Orth. Allerheiligenkirche jede Berechtigung, in Zukunft als denkmalwürdig eingestuft zu werden.

193 Thomas Kronewiter, „Der unverstellte Blick", in: Süddeutsche Zeitung Nr. 103, 06. Mai 2009, S. 42.

Verwitterungszustand der südlichen Turmuhr, 2022

Aufsteigende Feuchtigkeit an der Nordfassade, 2022

## Bewertung des aktuellen Zustands und Empfehlungen zur langfristigen Pflege

Als Nächstes soll eine kurze Übersicht über die bisherigen Veränderungen im Innen- und Außenbereich gegeben und gleichzeitig damit verbundene Empfehlungen zur langfristigen Pflege und Erhaltung des Bauwerks ausgesprochen werden.

Bisher ist der Zustand der Außenfassaden – 28 Jahre nach Einweihung – als nach wie vor insgesamt gut zu bewerten. Die Wahl Brannekämpers von Glattputz, da dieser zwar weniger anfällig gegen Verschmutzung, jedoch auch weniger witterungsbeständig als Rauputz ist, erwies sich als geschickte Entscheidung. Die Nordseite der Fassade weist in Bodennähe leichte Feuchtigkeitsschäden mit Abplatzungen des Putzes auf, was an den gelblichen Verfärbungen zu erkennen ist. Da sich unmittelbar davor ein Blumenbeet befindet, muss auf eine entsprechende flachwurzelnde Bepflanzung geachtet und die Isolierung zur Erde erneuert werden. Insbesondere das Innere sollte regelmäßig bewusst auf erste Anzeichen von Feuchtigkeit kontrolliert werden, damit eine Beschädigung der Ausmalung frühzeitig erkannt werden kann. Generell wird die Frage der Pflege und Erhaltung der Ausmalung mehr und mehr in den Vordergrund treten, spätestens wenn alle dafür vorgesehenen Flächen bemalt sein werden.

Einzig die Turmuhr auf der südlichen und westlichen Seite weist deutliche Alterungsspuren auf; das blaue Ziffernblatt hat seine Farbigkeit teilweise schon verloren. Dabei ist das Uhrwerk selbst als öffentliche Uhr gemeldet und wird von der Stadt München gewartet. Der Turm wird mittlerweile nur noch in Ausnahmefällen über eine Luke betreten, auch weil er im Inneren aufgrund eines fehlenden Taubenschutzes im oberen Bereich völlig verschmutzt ist. Langfristig wäre es notwendig, ein Taubennetzes anzubringen.

Der Außenbereich befindet sich weitgehend im Originalzustand, jedoch ist es in Griechenland üblich, Denkmäler, die sich auf die Geschichte des Landes beziehen, in Kirchhöfen zu platzieren. So wurde am 19. Mai 2019, dem Pontischen Genozid-Gedenktag[194], auf der nordwestlichen Seite des Hofs der Gr.-Orth. Allerheiligenkirche in einer offiziellen griechisch-bayerischen Zeremonie das pontische Denkmal eingeweiht.

Auf der Südseite des Hofs steht seit Juli 2019 der Grabstein von Constantin Carathéodory[195], eine Säule mit ionischem Kapitell. Sie befand sich bis Juli 2019 auf dem Waldfriedhof im Münchner Süden und wurde nach Auflösung des dortigen Familiengrabes im Rahmen einer Gedenkveranstaltung als Denkmal enthüllt. Beide Denkmäler beeinträchtigen nicht die Wahrnehmung des Gebäudes. Als Ergänzung wäre es künftig wünschenswert, die Geschichte der Gr.-Orth. Allerheiligenkirche und ihres Vorgängerbaus im Außenraum durch eine wetterfeste Informationstafel für Besuchende sichtbar zu machen.

194 Der Gedenktag bezieht sich auf den Völkermord an den Pontus-Griechinnen und Griechen, auf Massaker und Vertreibungen an der griechischen Bevölkerung in der Pontus-Region, die von der türkischen Bewegung während und in Folge des Ersten Weltkriegs 1914 bis 1923 verübt wurden.

195 Constantin Carathéodory (1873–1950) war ein griechischer Mathematiker und Professor an der Universität München.

Im Mai 2023 wird ein eisernes Einfahrtstor auf der nördlichen Seite des Grundstücks angebracht. Bei dieser Gelegenheit erneuert man in dem von Feuchtigkeit verfärbten Abschnitt der Fassade die Isolierschicht.

Für den Innenraum ist insbesondere in den letzten Jahren zusätzliches Mobiliar neu angeschafft worden. Dazu gehört seit 2014 der große Reliquienschrein[196] neben dem linken Psalter sowie seit Ende 2022 eine üppige Kanzel mit großflächigem Podest. Sie wurde an der vordersten südlichen Säule im Kirchenraum platziert. Durch ihre Proportionen wirkt sie wie ein Fremdkörper vor der Ikonostase und verändert den Raumeindruck merklich. Dieser Typ einer erhöhten Kanzel stammt aus einer Zeit, in der die Kirchen noch nicht mit Mikrofonen ausgestattet waren und diente den Anwesenden dazu, die Lesung des Evangeliums im gesamten Raum möglichst hörbar verfolgen zu können. Ursprünglich war eine niedrigere Kanzel geplant. Bei einer möglichen Anerkennung als Denkmal sollte in Erwägung gezogen werden, die Kanzel eine Säule weiter entfernt von der Ikonostase zu platzieren, um wieder einen freien Blick auf die gesamte Ikonostase zu erlauben. Die Kippfenster unterhalb der Stichkappen wurden ursprünglich über zwei Drahtseile manuell geöffnet, sind jedoch nach und nach mit dem jeweiligen Abschnitt der fertiggestellten Ausmalung elektrifiziert worden. Der Motor zum Öffnen der Kippfenster befindet sich – für die Besuchenden nicht sichtbar – auf dem Fensterbrett der halbkreisförmigen Fenster. Da die Platzierung der Motoren keine ästhetische Auswirkung auf den Raum hat, kann sie auch aus denkmalpflegerischer Sicht so beibehalten werden.

Innerhalb der Nebengebäude fanden in den Wohnungen bauliche Veränderungen an den Grundrissen statt. Dies betrifft vor allem die Wohnung im ersten Stock: Ursprünglich befand sich der Eingang der Wohnung im ehemaligen Allerseelen-Pfarrhaus mit einer direkten Verbindung durch eine Art Schleuse mit zwei Türen in das Pfarrbüro. Im Jahre 2010 wurde die Wohnung mit Trockenbauwänden neu aufgeteilt. Der Eingang der Wohnung ist nun neu auf die Nordseite des Gemeindezentrums verlegt. Das ehemalige Büro wurde in einen Vorraum als Eingangsbereich zur Wohnung und ein Zimmer aufgeteilt, wobei der ehemalige Durchgang zum Büro als Haupteingang fungiert und die zweite Wand der „Schleuse" entfernt wurde. Einige der Zimmer wurden der benachbarten Wohnung zugeschlagen und die Elektrik getrennt. Da diese Baumaßnahmen in Privaträumen stattfanden und die äußere Erscheinung nicht betreffen, spielen sie für einen möglichen späteren Denkmalschutz keine nennenswerte Rolle.

Insgesamt ist der Zustand des Ensembles, mit Ausnahme des in den letzten Jahren zusätzlich hinzugekommenen Mobiliars im Innenraum, als originalgetreu zu bewerten.

196 Es handelt sich um eine Schenkung des Erzbischofs von Athen und Oberhaupt der autokephalen orthodoxen Kirche von Griechenland Hieronymos I.

Bei dem Gespräch am 03. Juni 2022 äußerte sich Kardinal Friedrich Wetter auf die Frage, was er sich für die Zukunft der Gr.-Orth. Allerheiligenkirche wünsche:

> „Die Kirche sei auf lange Zeit ein gesegneter Ort, an dem die Menschen Gottes Nähe erfahren und die Ikonen ihnen Ereignisse der Heilsgeschichte zeigen, durch die Gott sie zu sich führt, und sie so ihres Glaubens froh werden."[197]

## Zukünftige Herausforderungen

Wie bei jedem Bauwerk von öffentlichem Interesse werden sich die Anforderungen an die Gr.-Orth. Allerheiligenkirche im Laufe der Zeit ändern und das Gebäude eines Tages vor zusätzlichen Nutzungen und eventuell nötigen Anpassungen stehen. Hierfür sollen zum Abschluss ein paar Denkanstöße für zukünftige Diskussionen gegeben werden. Dabei steht immer im Hintergrund, dass die gr.-orth. Kirche ausschließlich auf Spenden angewiesen ist und keine Kirchensteuer erhebt, wodurch jeder bauliche Eingriff eine finanzielle Herausforderung bedeutet.

Eine Herausforderung wird langfristig die Barrierefreiheit sein. Derzeit verfügt die Gesamtanlage über keinen Aufzug. Zwar gibt es ein Behinderten-WC hinter dem Gemeindesaal bei den Mehrzweckräumen, jedoch sind die übrigen Toiletten hinter dem Gemeindesaal im Untergeschoss nicht barrierefrei für die Kirchenbesuchenden zugänglich. Gerade für die überalternde Bevölkerung und in Anbetracht der Tatsache, dass manche Liturgien bis zu drei Stunden dauern, stellt dies ein Problem dar. Ähnlich verhält es sich mit den Büros und Wohnungen der Geistlichen, die als Räumlichkeiten für die Seelsorge dienen. Sie befinden sich im Obergeschoss und sind nur über Treppen erreichbar. Sollte der Einbau eines Aufzugs in Erwägung gezogen werden, so wäre es denkbar, ihn neben dem derzeitigen Treppenhaus Richtung Westseite zu platzieren, wo er von der Ungererstraße aus nicht unmittelbar sichtbar ist.

Derzeit herrscht für die Gr.-Orth. Metropolie kein Raummangel in der Ungererstraße 131, da das Raumprogramm den momentanen Bedarf abdeckt. Jedoch besteht schon seit den 1980er Jahren der Wunsch nach einem Kindergarten in räumlicher Nähe des gr.-orth. Gemeinde; er war bereits in den Entwurf von Friedrich Kurrent von 1981 integriert. Das Grundstück der Ungererstraße 131 bot zum Zeitpunkt der Planungen mit Brannekämper nicht die Kapazität an, einen Kindergarten im Raumprogramm aufzunehmen. Erzpriester Malamoussis hat bisher vergeblich versucht, Vertretende aus der griechischen Politik zu überreden, das gesamte Nachbargrundstück der kath. Kirche abzukaufen, um darauf Räumlich-

197 Interview mit Kardinal Friedrich Wetter am 03. Juni 2022, München.

keiten für das griechische Generalkonsulat, einen Kindergarten sowie Vereinsräume mit einem Veranstaltungsraum zu errichten. Seit 1995 wird nach dem Abriss der dortigen Gewächshäuser der hintere Teil des nördlichen Nachbargrundstücks in der Ungererstraße 133 der Gr.-Orth. Allerheiligenkirche von der röm.-kath. Kirche für eine symbolische Jahrespacht überlassen. Diese Fläche wird insbesondere bei Festen zum Aufstellen von Bierbänken und -tischen genutzt. Langfristig wäre es für die Gemeinde erstrebenswert, das gesamte benachbarte Grundstück zu erwerben, jedoch bedarf es dafür der Unterstützung von vielen Seiten.

## Weitere Forschungsfelder

Diese Arbeit soll auch weitere Forschungen in verschiedenen Disziplinen anregen, da viele Themen hier nur angerissen, im Rahmen dieser Publikation jedoch nicht vollumfänglich dargestellt werden konnten. So seien abschließend einige Anregungen für eine zukünftige Beschäftigung mit dem hier vorgestellten Themen gegeben.

Im Bereich des gr.-orth. Sakralbaus der Diaspora und generell anderer religiöser Minderheiten in der zweiten Hälfte des 20. Jahrhunderts gibt es zahlreiche weitere, überwiegend unaufgearbeitete Beispiele. Dabei stehen diese Bauwerke oft in einer Dialektik zwischen „traditionellen" und „modernen", aber auch zwischen „lokalen" und „fernheimatlichen" Formensprachen und sind unter anderem durch „lokale" Einflüsse in der Architektur maßgeblich geprägt. In der geisteswissenschaftlichen Literatur findet sich so auch die These, dass ein moderner Sakralbau einer Migrationsreligion – auch wenn dieser rudimentäre Elemente der traditionellen Bauweise enthalte – „durch seine Angleichung, an den von der Mehrheitsgesellschaft empfundenen ‚modernen Baustil', dem üblichen Stil der Profanarchitektur näher" komme.[198] Infolgedessen werden „moderne" Bauten von der Mehrheitsgesellschaft eher akzeptiert und bewilligt. Genannt sei hier als weiteres Beispiel die gr.-orth. Kirche Agios Dimitrios in Zürich, die im selben Jahr wie die Kirche in München 1995 geweiht wurde. Die Wahl des Projekts in Zürich aus einem geschlossenen Wettbewerb mit zehn Beiträgen wurde maßgeblich durch den Stadtrat beeinflusst;[199] der von der Gemeinde favorisierte Wettbewerbsbeitrag in „traditionellerer Formensprache" kam in der Ausführung nicht zum Zuge. Im Fall der gr.-orth. Kirche in Zürich spielt es eine entscheidende Rolle, dass das Grundstück zuvor in städtischer Hand war und es sich um einen reinen Neubau handelt. Im Vergleich dazu trat bei der Gr.-Orth. Allerheiligenkirche in München die kath. Kirche als Bauherr auf und der von ihr direkt beauftragte Architekt Robert Brannekämper entwickelte das Projekt im engen Dialog mit den späteren Nutzenden über mehrere Jahre hinweg. Der Stadtrat in

198 Edwin Egeter, Modern oder traditionell? Neue Sakralbauten von Migranten in der Schweiz, Saarbrücken 2014, S. 6.

199 [ohne Autor], „Wettbewerb Griechisch-Orthodoxe Kirche in Zürich-Wipkingen", in: Schweizer Ingenieur und Architekt, Nr. 8., 22. Februar 1990, S. 193–201.

München nimmt am Ende das hier vorgeschlagene Projekt, auch aufgrund der guten Beziehungen zu Akteuren der katholischen Kirche, ohne Vorbehalt an und greift nicht den Entwurfsprozess ein. Während Religionsforschende sich seit Langem den Bauwerken von Minderheiten widmen[200], bleibt die architektur- bzw. kunstgeschichtliche Perspektive, mit einer Einordnung der daraus resultierenden Formensprache in den allgemeinen Sakralbau, dahinter zurück.

Dass der Einzug einer religiösen Minderheit in ein vorhandenes Gotteshaus mit Umbauplänen auch scheitern kann, lässt sich an einem weiteren Beispiel aus München gut dokumentieren: 1988 wird von der Stadt München das Grundstück der „Interimskirche" in Laim der russisch-orthodoxen Gemeinde angeboten. Ein Baukommitee und ein Architekt werden beauftragt, auf dem Grundstück eine russisch-orthordoxe Kirche zu errichten und die von Theodor Fischer 1913 umgebaute und denkmalgeschützte „Interimskirche" nach einer Renovierung als Gemeindesaal zu nutzen. Das Vorhaben wird unter anderem aufgrund einer Bürgerinitiative nicht umgesetzt und die Interimskirche stattdessen seitdem als Bürgertreff-Kulturzentrum genutzt. Die Bemühungen der russisch-orthodoxen Gemeinde, ein Gotteshaus zu erwerben, hielten seitdem an; ab 2012 versuchte die Gemeinde, auf einem Grundstück in Englschalking ein Gemeindezentrum mit einer Kirche in traditioneller Formensprache bauen. Die bei der Lokalbaukommission eingereichten Pläne der Kirche wurden jedoch mit der Begründung abgelehnt, dass dieser Kirchenbau nicht in die Umgebung passe. Erst 2023 erfolgt die Grundsteinlegung mit einem abgeänderten Entwurf.

Viele religiöse Minderheiten in Deutschland haben in den letzten Jahrzehnten bereits Gotteshäuser erworben, um- oder neugebaut. Deren von einem identitätsstiftenden Charakter geprägten Architektur, die nicht unmittelbar im Interesse einer breiten Gesellschaft steht, muss von der Denkmalpflege rechtzeiting erkannt und in ihre Erwägungen einbezogen werden. Der denkmalpflegerische Umgang mit Architektur der sogenannten Zweiten Moderne ist gerade erst dabei, sich zu finden. Unter dem Schlagwort „proaktive Denkmalpflege" wird hier eine Strategie gezeigt, bei der die frühzeitige Darlegung der Geschichte eines noch jungen Bauwerks als Diskussionsgrundlage für eine Bewertung als Denkmal dienen soll.

In dieser Liste für weitere Recherchen seien, ohne Anspruch auf Vollständigkeit, noch die fortlaufenden Ausmalungen erwähnt, die von kunstgeschichtlichem Interesse sind. Die zeitgenössischen Interpretationen von Ikonen, gerade in orthodoxen Kirchen der Diaspora, sind weitestgehend unerforscht. Hier wird die von der gr.-orth. Gemeinde für die nächsten Jahre geplante Publikation zu den Ausmalungen der ihrer Allerheiligenkirche in München eine wertvolle Grundlage liefern.

200 Siehe dazu: Andreas Tunger-Zanetti, Martin Baumann, „Neue Sakralbauten in der Politik des Raums. Eine dimensionenbasierte Analyse der Errichtung religiöser Gebäude in der Schweiz", in: Religion, Raum und Natur, Berlin 2017, S. 179–202.

# Eine Erfolgsgeschichte für die Ökumene und die Integration

Dass die Röm.-kath. Allerseelenkirche fast 70 Jahre nach ihrer Errichtung doch noch einen „Weiterbau" – im weitesten Sinne – erfahren hat und zur Gr.-Orth. Allerheiligenkirche geworden ist, stellt sicherlich eine unerwartete Wendung in ihrer Geschichte dar. Auch wenn die ursprünglichen Planungen für die Oberkirche von Richard Steidle keinerlei Einfluss auf das jetzige Bauwerk hatten, so ist es doch im Sinne des Ortes und ein Symbol der Verbundenheit beider „Schwesterkirchen"[201], dass Teile des ursprünglichen Bestands in den Bau der Gr.-Orth. Allerheiligenkirche übergegangen sind. In architektonischer Hinsicht bleibt es sicherlich diskutabel, dass jegliche ‚Spuren' der Allerseelenkirche optisch verwischt wurden und die Gr.-Orth. Allerheiligenkirche sich, sowohl von innen als auch von außen, wie ein reiner Neubau darstellt. Die Nutzung der bestehenden Mauern und die Titulierung als ‚Umbau' erlaubte in erster Linie neuere Baugesetze zu umgehen, die bei einem reinen Neubau nur kleinere Bebauungsflächen zugelassen hätten.

Das Zutagebringen der Pläne von 1929 für die Gesamtkirche im Zuge der Forschungen für dieses Buch positioniert die Allerseelenkirche nicht nur im Werk von Richard Steidle als ersten ‚modernen' Kirchenbau in seinem Schaffen – noch vor der „Heiligen Familie" in Harlaching – neu, sondern wirft auch Fragen über ihre unzureichende Bewertung als potenzielles Denkmal zu Beginn der 1990er Jahre auf. Die Planung der Allerseelenkirche in zwei Stufen, zusammen mit den 1929 vom Stadtrat aufgezwungenen Veränderungen bezüglich des Flachdachs, wiegen mehr als nur die von der Denkmalpflege damals vorgelegte knappe Begründung, die Kirche bezeuge lediglich die vorherrschende wirtschaftliche Lage am Ende der 1920er Jahre. Sie ist eher ein konkretes Beispiel für die dämmernden Tendenzen gegen jegliche „Moderne" im Zuge der Reichsarchitektur der 1930er Jahre und für die Einflussnahme des Stadtrats in das Erscheinungsbild einzelner Bauwerke in München.

Vermutlich hätte der Bau in den 1990er Jahren eine andere Wendung genommen, wenn die Originalpläne der Gesamtkirche von Steidle dem Landesamt für Denkmalpflege unmittelbar vor dem Umbau bekannt gewesen wären. Dieses

links
Blick von der Ungererstraße auf die Gr.-Orth. Allerheiligenkirche, 2018

201 Kardinal Friedrich Wetter, „Orthodoxe in München und Bayern – Entwicklungen, Begegnungen, Erfahrungen", in: Orthodoxie in Begegnung und Dialog, Münster 1998, S. 93–100, hier S. 97.

Beispiel verdeutlicht wie Wissen über ein Bauwerk und die daraus resultierende Wertschätzung in der Gesellschaft entscheidend für dessen langfristige Erhaltung sind.

Dabei verbindet die Architektur der Allerseelenkirche und die Gr.-Orth. Allerheiligenkirche weit mehr als nur ihr Standort und ihre Bausubstanz: Sowohl Steidle als auch Brannekämper suchen nach einer „modernen" (Steidle) bzw. „zeitgemäßen" (Brannekämper) Lösung der Bauaufgabe. Diese bewusste Suche nach einem „aktuellen" Baustil zeigt, wie repräsentativ der Bauplatz an dieser städtebaulich prominenten Stelle entlang der Ungererstraße über Jahrzehnte hinweg empfunden wird. Einerseits ist die architektonische Sprache von Robert Brannekämper sen. „lokal" angesiedelt, ohne die gr.-orth. Bautradition, in der das Bauwerk stehen soll, zu leugnen. Er knüpft dabei subtil an Referenzen wie die Herz-Jesu-Kirche von Alexander von Branca und Herbert Groethuysen an. Gleichzeitig wurde der Entwurf durch das Ordinariat und die dort vorherrschenden katholischen Formenvorstellungen mitgeprägt, von denen unter anderem der hohe schmale Turm zeugt. Anderseits greift das Gebäude aber auch Bezüge zur „weißen" Architektur der Kykladen auf und evoziert damit stereotypische Sehnsuchtsbilder von Griechenland. Brannekämper ist es gelungen, dem Bau eine Sprache zu verleihen, die sowohl Behörden wie Nachbarn von der Genehmigung überzeugen konnte. Durch die hohe Platzierung der reduzierten Fenster und die Formenwahl des Dachs mit Stichkappen und Tonnengewölbe im Inneren geht der Architekt auf den Bedarf der gr.-orth. Kirche nach viel Fläche für die Ausmalung ein.

Für die mittlerweile ca. 26 600 in München lebenden Griechinnen und Griechen bzw. Menschen mit griechischer Herkunft jüngerer Generationen ist die Überlassung der Allerseelenkirche zur Nutzung seit 1981 mehr als nur ein Glücksfall, denn langfristig entsteht auf dem Grundstück gegenüber dem Nordfriedhof ein echtes Zentrum für die Gr.-Orth. Metropolie in München. Auch der – ohne Hindernis der Denkmalpflege genehmigte – weitgehende Umbau der Allerseelenkirche erscheint im Nachhinein wie eine glückliche Fügung von „höherer Hand", wie die Gläubigen sagen würden.

Nicht zuletzt ist der Bau an der Ungererstraße 131 der großzügigen finanziellen Unterstützung der katholischen Schwesterkirche zu verdanken. Für die katholische Kirche stellte die Weiternutzung durch die gr.-orth. Gemeinde quasi die Sicherstellung eines Gotteshauses in München dar, zuzeiten in denen in Teilen Deutschlands Kirchen aufgrund ihrer geringen Nutzung bereits eine Säkularisierung erfahren haben. Es ist ebenso für die kath. Kirche als Chance zu sehen, dass ein von ihr nicht mehr gebrauchtes Kirchengebäude als „Ausdruck gelebten christlichen Glaubens auch in städtischen Kontexten erhalten"[202] wird.

202 Ralf Schlüter, „Gebauter Glaube?!" in: Kirchen im Umbau, Osnabrück 2015, S. 9.

Nordostseite der Gr.-Orth. Allerheiligenkirche mit den drei Konchen zur Ungererstraße, 2022

Nordostseite der Allerseelenkirche mit Portikus zur Ungererstraße, 1991

Erzpriester Apostolos Malamoussis und Kardinal Friedrich Wetter vor dem Grundstein der Gr.-Orth. Allerheiligenkirche, 1997

Erzpriester Malamoussis und Kardinal Wetter an der Allerseelenkirche, 1982

In diesem Fall ist es geglückt, dass die Transformation eines Kirchengebäudes das „Ziel einer Erhaltung und Fortführung ihrer emotionalen, kulturellen, sozialen und spirituellen Bedeutung“[203] erreicht hat. Angesichts steigender Kirchenaustritte und vermehrt kaum genutzter Kirchen stellt die Gr.-Orth. Allerheiligenkirche quasi ein Modell für die lebendige Weiternutzung solcher Räume dar.

Die Gr.-Orth. Allerheiligenkirche hat für die Ökumene eine außerordentliche Bedeutung, denn in den Worten Kardinal Wetters wird an dem Bauwerk deutlich, dass es „Schwesterkirchen sind, das heißt auf gleicher Höhe, eng miteinander verbunden“[204]. Auch zeigt dieses Beispiel, wie sehr der Erfolg eines ökumenischen Bauprojekts zur damaligen Zeit von einzelnen Persönlichkeiten vor Ort abhing – insbesondere von Kardinal Friedrich Wetter und Erzpriester Apostolos Malamoussis –, die den Realisierungsprozess des Bauvorhabens als treibende Kräfte jahrelang begleitet haben.[205] Mit seiner Beharrlichkeit steht Erzpriester Malamoussis seit seinem Amtsantritt in München wie kein anderer stellvertretend für die griechische Gemeinde hinter dem Projekt. Das folgende Zitat von Metropolit Augoustinos beschreibt nur ansatzweise, welche zentrale Rolle er in der griechischen Gemeinde in München seit Jahrzehnten einnimmt:

> „Vater Apostolos ist ein Geschenk Gottes für unsere Kirche in Deutschland, er hat sehr gute Früchte getragen. Dieser Mensch hatte und hat immer sehr wunderbare Visionen, was die Menschen in Bayern betrifft, und mit der brüderlichen Freundschaft, wie ich sagen würde, die es zwischen ihm und Kardinal Wetter gab und gibt, hat er es geschafft, dass die Salvatorkirche, ein schweres Unterfangen, nun zur Griechisch-Orthodoxen Metropolie Deutschlands gehört, und dass wir die [Gr.-Orth.] Allerheiligenkirche erwerben konnten, die, wie ich glaube, ein Schmuckstück für München ist.“[206]

Kardinal Wetter bezeichnete den gelungenen „Neubau“ als „Frucht der Freundschaft mit Erzpriester Apostolos Malamoussis, denn das war der Anfang“[207]. Auch die mittlerweile weit fortgeschrittene Ausmalung sieht Kardinal Wetter vor allem Dank einer Person realisiert: „Ohne Bilder, ohne Ikonen ist der Raum irgendwie leer und der hat sich gefüllt und zwar sehr schnell, durch den Eifer von Erzpriester Apostolos Malamoussis.“[208]

Für die Stadt München ist die Gr.-Orth. Allerheiligenkirche ein Ort der gelungenen Integration, an dem Griechinnen und Griechen sowie Menschen mit griechischer Herkunft eine neue tiefe Verwurzelung außerhalb Griechenlands gefunden haben. Es wird auch ein Stück Stadtgeschichte weitergeschrieben, das für ein

203 Stefan Krämer, „Kirchen und ihre Zukunft – Herausforderung und die Verantwortung für die ganze Gesellschaft“, in: Kirchengebäude und ihre Zukunft: Sanierung – Umbau – Umnutzung, Ludwigsburg 2017, S. 11.

204 Interview mit Kardinal Friedrich Wetter am 03. Juni 2022, München.

205 Seit den 1990er sind die Prozesse partizipativer Gestaltung unter aktiver Einbindung der Kirchengemeinde bei Kirchenumwandlungen üblicher. Siehe: Ralf Schlüter, „Gebauter Glaube?!“ in: Kirchen im Umbau, Osnabrück 2015, S. 10.

206 Film „Μικρές Πατρίδες“, Ιερός Ναός Αγίων Πάντων στο Μόναχο Γερμανίας, https://www.youtube.com/watch?v=Ee90MTZaKiM Zuletzt aufgerufen am 12. Oktober 2022.

207 Interview mit Kardinal Friedrich Wetter am 03. Juni 2022, München.

208 Ebd.

neues Kapitel der engen bayerisch-griechischen Beziehungen in München steht. Christian Ude, langjähriger Oberbürgermeister von München mit einem besonderen persönlichen Verhältnis zu Griechenland, würdigt die Integration der Griechinnen und Griechen in der Stadt:

> „Die Griechen sind in München, ja in ganz Bayern, außerordentlich beliebt, weil wir ein Philhellinisches Völkchen sind schon seit König Ludwig I. und weil sie sich einfach vorbildlich verhalten: sie wahren ihre Religion und Kultur und Sprache, schotten sich aber in keiner Weise ab, sondern gehen immer auf die Mehrheitsgesellschaft zu, nehmen daran Anteil und gestalten mit. Das ist eigentlich der Glücksfall der Integration, das wissen die Bayern auch alle zu schätzen."[209]

Zum Schluss hat Erzpriester Apostolos Malamoussis in Worte gefasst, was die Gr.-Orth. Allerheiligenkirche seiner Meinung nach ausmacht:

> „Es ist eine kleine Heimat, wie es unser Metropolit Augoustinos zu sagen pflegt. Es ist eine kleine Heimat des Griechentums und der Orthodoxie in München und nicht nur eine Heimat für die Griechen, aber auch ein Begegnungsort von Völkern und Kulturen, mit den Bayern, mit den Deutschen und anderen Nationalitäten, mit denen wir hier gemeinsame Veranstaltungen machen, weil wir möchten, dass dieser Ort eine Brücke ist, eine kulturelle und geistliche Brücke."[210]

Es scheint nur eine Frage der Zeit zu sein, bis die Gr.-Orth. Allerheiligenkirche in München von den staatlichen Behörden offiziell zu einem anerkannten Denkmal wird. Sie ist schon heute ein herausragendes Bauprojekt der Ökumene und eine Brücke zwischen Ost und West.

209 Film „Μικρές Πατρίδες", Ιερός Ναός Αγίων Πάντων στο Μόναχο Γερμανίας, https://www.youtube.com/watch?v=Ee90MTZaKiM Zuletzt aufgerufen am 12. Oktober 2022.
210 Ebd.

Orthodoxes Osterfest an der Gr.-Orth. Allerheiligenkirche in München, April 2006

# Epilog

Abschließend erlaube ich mir, als Autorin in Erscheinung zu treten und ein paar persönliche Zeilen über den Weg zu diesem Buch zu schreiben. Als gebürtige Münchnerin mit griechischen Wurzeln besteht eine multikulturelle Beziehung zu meiner Heimatstadt, in der ich aufgewachsen bin und bis 2016 gelebt habe, bis es mich für meine Dissertation in die Ferne zog. Auf die vorliegende Forschung kam ich durch Erzpriester Apostolos Malamoussis 2020. Die davon unabhängige Auszeichnung mit dem Theodor-Fischer-Preis 2022 und dem dazugehörigen Stipendium am Zentralinstitut für Kunstgeschichte erlaubte mir dieses Vorhaben in die Tat umzusetzen.

Mit jedem Tag mehr, an dem ich daran arbeitete, wurde mir bewusst, welche Ehre mir darin zuteil wird, die bewegte Geschichte der Gr.-Orth. Allerheiligenkirche für hoffentlich viele nachkommende Generationen erzählen zu dürfen. Die Begegnung mit Kardinal Friedrich Wetter und dem Architekten Robert Brannekämper am 3. Juni 2022 in der Allerheiligenkirche war essenziell für diese Arbeit, ein zwar ephemerer Augenblick, der jedoch dank dieses Buchs noch lange nachhallt.

Es war nicht einfach, stets den wissenschaftlichen Abstand zu wahren, wenn es um ein Bauwerk geht, das einem seit der Kindheit sehr vertraut ist. Ich habe in dem naiven Glauben begonnen, eine lediglich 30-jährige Baugeschichte aufschreiben zu werden. Am Ende stehe ich tief bewegt und demütig vor fast 100 Jahren Geschichte eines Sakralbaus in München, der Zeuge der großen Verbundenheit zwischen katholischer und gr.-orth. Kirche, aber auch zwischen München und der griechischen Kultur ist.

Ich selbst sehe nun die Gr.-Orth. Allerheiligenkirche bei jedem Besuch mit neuen Augen. Als Kind empfand ich es stets als etwas abwertend, dass diese Kirche nicht wie eine „typisch" griechische Kirche aussieht, d.h. nicht wie die Kirchen im byzantinischen Stil aus Thessaloniki und Umgebung, die mein persönliches Bild der Architektur in Griechenland damals prägten. Die Gr.-Orth. Allerheiligenkirche kann in dieser Form nur in der Diaspora stehen – und das ist es auch, was ihr diese Einzigartigkeit verleiht. Möge sie noch lange den Menschen aus Griechenland und den Menschen mit griechischen Wurzeln ein Denkmal für Glaube, Heimat und interkonfessionelle sowie interkulturelle Freundschaft sein.

links
Interview der Autorin mit Kardinal Friedrich Wetter in der Gr.-Orth. Allerheiligenkirche am 03. Juni 2022

# Anhang



links
Dachlandschaft der Gr.-Orth. Allerheiligenkirche nach Osten

# Kurzbiographien der Protagonisten

Friedrich Kardinal Wetter

Metropolit Augoustinos

**Friedrich Kardinal Wetter, Erzbischof em. der Erzdiözese München und Freising (*1928)**, geboren in Landau in der Pfalz, studierte Katholische Theologie an der Philosophisch-Theologischen Hochschule Sankt Georgen in Frankfurt am Main und an der Päpstlichen Universität Gregoriana in Rom, wo er 1953 die Priesterweihe empfing. Nach seiner Promotion wurde er 1956 Kaplan in Speyer und dort auch 1968 zum Bischof ernannt. 1985 erfolgte die Aufnahme ins Kardinalskollegium. 1982 wurde er zum Erzbischof von München und Freising ernannt und blieb Oberhirte des Erzbistums bis zu seinem altersbedingten Amtsverzicht 2008. Für sein Engangement beim Umbau der Gr.-Orth. Allerheiligenkirche erhielt er 1995 die höchste Auszeichnung der Gr.-Orth. Metropolie, das Goldene Kreuz Erster Klasse, sowie 2002 die Ehrenmedaille der griechischen Kulturstiftung.

**Metropolit Augoustinos von Deutschland und Exarch von Zentraleuropa (*1938)**, geb. Lambardakis, wurde auf Kreta geboren und absolvierte ein Theologiestudium am Seminar von Chalki (Heybeliada bei Istanbul). Es folgten Studienaufenthalte in Salzburg, Münster und Berlin. Die Priesterweihe empfing er im Jahre 1964 durch den damaligen Metropoliten Polyefktos (Finfinis) in Eitorf bei Bonn. Bis 1972 war er als Gemeindepfarrer im geteilten Berlin tätig und auch für die Betreuung der orthodoxen Gemeinden im Ostteil zuständig. In diesem Jahr wurde er durch den Heiligen Synod zum Vikarbischof der Metropolie von Deutschland mit dem Titel des Bischofs von Elaia gewählt. Seine Weihe am 26. März 1972 war die erste griechisch-orthodoxe Bischofsweihe auf deutschem Boden. Seit 1980 ist er Metropolit der Gr.-Orth. Metropolie von Deutschland. Im gleichen Jahr wurde

links
Metallrelief mit doppelköpfigem Adler unterhalb des zentralen Kronleuchters in der Gr.-Orth. Allerheiligenkirche. Der doppelköpfige Adler steht für Byzanz und die geistige Verbindung zwischen Ost und West (der Adler blickt in beide Richtungen). In gr.-orth. Kirchen mit Doppeladler unter der Kuppel können Bischöfe geweiht werden.

Richard Steidle

Robert Brannekämper sen.

er mit dem Großen Verdienstkreuz des Verdienstordens der Bundesrepublik Deutschland ausgezeichnet.

**Richard Steidle (1881-1958)** wurde in Illertissen geboren. Aufgrund des frühen Todes seiner Eltern wuchs er mit seinen Geschwistern im sog. Färberhaus in Dießen bei Verwandten auf, die für ihn einen geistlichen Werdegang vorsahen. Auf der Rückreise von einem Exerzitienaufenthalt im Kapuzinerkloster Feldkirch in Vorarlberg beeindruckte ihn das Denkmal des Erbauers der Arlbergbahn, Julius Lott, so sehr, dass er beschließt, einen anderen Weg einzuschlagen und Architektur zu studieren.[211] Mit einem Stipendium studierte er an der Technischen Hochschule München zwischen 1900 und 1905 Architektur bei Friedrich von Thiersch. Um 1913 erhielt er durch seinen nach Brasilien ausgewanderten Bruder Dr. Josef Steidle (1877-1943) den ersten großen Auftrag, ein deutsches Krankenhaus in Porto Alegre zu planen, welches später von dem lokalen Architekten Joao Baade nach Steidles Entwurf ausgeführt wurde. Nach dem Ersten Weltkrieg baute Richard Steidle zahlreiche Kirchen in Südbayern, u.a. St. Franziskus (1925) und St. Achaz (1927) in München.

**Robert Brannekämper sen. (*1939)**, geb. als Robert Berghaus in München, studierte auf Anregung seines späteren Adoptivvaters Bauingenieurwesen an der Staatsbauschule München und wurde dort u.a. von Prof. Alwin Seifert geprägt. Nach seinem Abschluss 1960 trat er in die 1934 gegründete Bauunternehmung Brannekämper ein. Sein dortiger Einstand erfolgte mit der Errichtung des Freilichtaltars für den Eucharistischen Weltkongress der Katholiken in München 1960 auf der Theresienwiese. 1970 ließ er sich

211 Tonbandaufnahme von Richard Steidle um 1950, Privatarchiv Arbo Steidle

Erzpriester Apostolos Malamoussis

Christofanis Voutsinas

aufgrund seiner zahlreichen Entwürfe und Bauten nachträglich in die Bay. Architektenkammer eintragen. 1972 wurde er von Theodor Brannekämper adoptiert. Er betreute zahlreiche sakrale und profane Bauten, u.a. die neue Turmspitze für die Mariahilfkirche in der Au (1981) und die Außenrenovierung der Münchner Frauenkirche (1987–1994). Nach dem Tod Theodor Brannekämpers wurde das Unternehmen von Robert Brannekämper weitergeführt. Bei dem Bau der Gr.-Orth. Allerheiligenkirche handelte es sich um seine erste selbst entworfene Kirche, zuvor war er vom kath. Ordinariat nur mit Sanierungen von Kirchen beauftragt worden.

**Erzpriester Apostolos Malamoussis (*1947)** aus Mouresi Volos in Griechenland studierte Theologie an der Nationalen und Kapodistrias-Universität in Athen. 1972 kam er nach Deutschland und empfing die Priesterweihe in Eitorf/Siegburg. Am Tag nach der Priesterweihe 1973 wurde er Gemeindepfarrer in Ludwigshafen, ab 1976 auch in Mannheim und Heidelberg und schließlich ab 1982 in München und Oberbayern. Bis 2011 war er Vorsteher der Gr.-Orth. Allerheiligen-Gemeinde in München. Zwischen 2010 und 2017 war er Pfarrer der griechisch-orthodoxen Gemeinde Geretsried. Neben seiner kirchlich-pastoralen Tätigkeit war er auch als Religionslehrer tätig. Seit 2017 ist er Bischöflicher Beauftragter für die staatlichen Belange im Freistaat Bayern.

**Christofanis Voutsinas (1941–2014)** gründete seine Werkstatt für Ikonographie 1965 in Thessaloniki. Voutsinas begann das Studium der Ikonographie unter der Leitung des Ikonographen und Malers Pantelis Panopoulos, einem Neffen und Schüler des griechischen

Andromachi Voutsina

Eleni Voutsina

Malers Roilos. Zunächst studierte er die nazarenische Hagiographie und nebenbei die klassische byzantinische. Er arbeitete mehrere Jahre mit dem Hagiographischen Haus der Pachomianer des Berges Athos und dem Künstler Stefanos Almaliotis sowie mit dem Ikonenmalerhaus der Pachomaioi zusammen. Seine Liebe zur Kunst führte ihn oft auf den Berg Athos und in die Klöster des ehemaligen Jugoslawiens. Seine Werke befinden sich in zahlreichen Kirchen in Deutschland, Amerika, Kuba, Israel und Großbritannien.

**Andromachi Voutsina (*1967)** absolvierte die Hochschule der Bildenden Künste der Aristoteles-Universität Thessaloniki. Wie ihre Schwester Elena erlernte sie die byzantinische Ikonenmalerei in der Werkstatt ihres Vaters Christofanis Voutsinas. Seit mehr als drei Jahrzehnten bemalt sie heilige Tempel in Griechenland und im Ausland und setzt seit 2014 die Ausmalung der Gr.-Orth. Allerheiligenkirche in München fort.

**Eleni Voutsina (*1970)**, wurde in Thessaloniki geboren und studierte byzantinische Ikonenmalerei bei ihrem Vater Christofanis Voutsinas. Im Jahre 2002 schloss sie ihr Studium an der Fakultät für Malerei der Akademie der Bildenden Künste in München ab. Sie ist Mitglied der Kammer der Schönen Künste Griechenlands und arbeitet seit 1991 als Ikonenmalerin. Zwischen 1995 und 2014 arbeitete sie gemeinsam mit ihrem Vater und ihrer Schwester an den Ausmalungen der Gr.-Orth. Allerheiligenkirche.

# Chronologie / Χρονολογία

**Röm-kath. Allerseelenkirche 1929**
An der Ungererstraße 131 in München entsteht nach Plänen des Architekten Richard Steidle die Röm.-katholische Allerseelenkirche. Der Entwurf sieht einen zweistufigen Bauplan vor: Zunächst soll nur die Unterkirche gebaut werden, worauf ein paar Jahre später mit zusätzlicher Finanzierung die Oberkirche entstehen soll. Aufgrund der Machtergreifung der Nationalsozialisten kommt es nicht zum Weiterbau der Oberkirche. Die Allerseelenkirche übersteht den Zweiten Weltkrieg weitgehend unbeschadet und verliert ab 1958 an Bedeutung, da deren Gemeinde in die neugebaute Röm.-kath. Allerheiligenkirche an der Ungererstraße 187 weiter nördlich zieht.

Η Καθολική Εκκλησία „Ναός αφιερωμένος στις ψυχές“ (Allerseelenkirche), στην Ungererstrasse 131 στο Μόναχο, χτίστηκε το 1929 σύμφωνα με τα σχέδια του αρχιτέκτονα Richard Steidle. Το σχέδιο προέβλεπε μια κατασκευή σε δύο φάσεις: Αρχικά, επρόκειτο να κατασκευαστεί μόνο η κάτω εκκλησία, ενώ λίγα χρόνια αργότερα, με πρόσθετη χρηματοδότηση, επρόκειτο να κατασκευαστεί και η πάνω εκκλησία. Λόγω της κατάληψης της εξουσίας από τους εθνικοσοσιαλιστές και του πόλεμου που ακολούθησε, η κατασκευή της πάνω εκκλησίας διακόπηκε. Η εκκλησία Allerseelenkirche επιβιώνει σχεδόν αλώβητη από τον Δεύτερο Παγκόσμιο Πολέμο μα χάνει τη σημασία της από το 1958 και έπειτα, καθώς η ενορία μετακομίζει λίγο βορειότερα στη νεόκτιστη καθολική εκκλησία των Αγίων Πάντων στην Ungererstraße 187.

**Raumnot 1978**
Wegen eines Rechtsstreits mit einer religiösen Splittergruppe ist die Salvatorkirche, in der seit 1828 gr.-orth. Gottesdienste im Herzen Münchens gefeiert werden, für die Gr.-Orth. Metropolie von 1978 bis 1999 nicht betretbar. Die gr.-orth. Gemeinde, die seit dem Anwerbeabkommen zwischen Deutschland und Griechenland 1960 in München stetig gewachsen ist, gerät in Raumnot für ihre Gottesdienste.

Από το 1828, οι ελληνορθόδοξες λειτουργίες τελούνταν στην εκκλησία του Σωτήρος (Salvatorkirche), στην καρδιά του Μονάχου. Λόγω μιας νομικής διαμάχης με μια σχισματική θρησκευτική ομάδα, η εκκλησία του Σωτήρος δεν ήταν πλέον διαθέσιμη στην ελληνορθόδοξη μητρόπολη από το 1978 μέχρι 1999. Η ελληνορθόδοξη κοινότητα του Μονάχου, της οποίας ο πληθυσμός αυξάνεται σταθερά μετά τη συμφωνία «περί απασχολήσεως Ελλήνων εργατών στη Γερμανία» που υπογράφηκε μεταξύ Γερμανίας και Ελλάδας το 1960, βρίσκεται πλέον χωρίς θρησκευτικό χώρο.

**Ankunft 1980**
Die röm.-kath. Kirche schlägt der gr.-orth. Gemeinde die Allerseelenkirche ab Weihnachten 1980 zur Mitbenutzung vor. Ab 1982 wird die gr.-orth. Gemeinde alleinige Nutzerin.

Η Καθολική Εκκλησία προτείνει τη χρήση της Allerseelenkirche στην ορθόδοξη κοινότητα από τα Χριστούγεννα του 1980. Από το 1982 και έπειτα, η ελληνορθόδοξη Εκκλησία γίνεται ο αποκλειστικός χρήστης.

**Erster Entwurf 1986**
Der Bauunternehmer und Architekt Robert Brannekämper sen. wird vom katholischen Ordinariat unter der Leitung des damaligen Erzbischofs von München und Freising Kardinal Friedrich Wetter beauftragt, eine gr.-orth. Kirche mit Gemeindezentrum an der Ungererstraße zu entwerfen. Er sieht zunächst drei separate Volumina vor, wobei die Kirche nach orthodoxen Vorgaben geostet wird.

Ο κατασκευαστής και αρχιτέκτονας Robert Brannekämper αναλαμβάνει από το Διοικητικό Κέντρο της Ρωμαιοκαθολικής Αρχιεπισκοπής Μονάχου και Φράισινγκ, υπό την διεύθυνση του τότε Αρχιεπισκόπου Μονάχου και Φράισινγκ, Καρδινάλιου Friedrich Wetter, να σχεδιάσει μια ελληνορθόδοξη εκκλησία με ένα κοινοτικό κέντρο στην Ungererstraße. Οραματίζεται στο πρώτο σχέδιο τρία ξεχωριστά κτίσματα, ενώ το ιερό της εκκλησίας είναι στην ανατολή κατά την ορθόδοξη παράδοση.

**Vorentwurf 1991**
Der Vorentwurf wird vom Entscheid Kardinal Wetters geprägt, die Allerseelenkirche nicht vollständig abzureißen, sondern in den Entwurf zu integrieren. Das Grundstück ist im Vorentwurf L-förmig belegt und weist einen höheren Turm auf. Nach einer gemeinsamen Griechenlandreise von Brannekämper und Erzpriester Apostolos Malamoussis, um orthodoxe Kirchenbauten in Thessaloniki und Umgebung zu besuchen, werden Ende 1991 die Pläne zur Genehmigung bei der Lokalbaukommission eingereicht. Kurz darauf erhebt ein Vertreter der Denkmalpflege Einspruch, um die Allerseelenkirche auf ihren denkmalpflegerischen Wert prüfen zu lassen. Die Genehmigung verzögert sich um mehrere Monate.

Το προσχέδιο επηρεάζεται από την απόφαση του καρδινάλιου Wetter να μην κατεδαφιστεί εντελώς η Allerseelenkirche, αλλά να ενσωματωθεί στο σχεδιασμό. Στο προσχέδιο, το κτίριο έχει σχήμα λατινικού γράμματος «L» και διαθέτει έναν ψηλότερο πύργο. Μετά από ένα από κοινό ταξίδι του Brannekämper και του πρωτοπρεσβυτέρου Απόστολου Μαλαμούση στην Ελλάδα όπου επισκέφθηκαν ορθόδοξους ναούς και εκκλησιαστικά κτίρια στη Θεσσαλονίκη και τη γύρω περιοχή, τα τελικά σχέδια υποβάλλονται στην τοπική οικοδομική επιτροπή για έγκριση στα τέλη του 1991. Λίγο αργότερα, ένας εκπρόσωπος της Υπηρεσίας Προστασίας και Συντήρησης Μνημείων εγείρει ένσταση για να εξεταστεί η εκκλησία Allerseelen ως προς την αξία της ως μνημείο. Η άδεια καθυστερεί για αρκετούς μήνες.

**Beginn des Umbaus 1993**
Im Oktober 1993 findet die Grundsteinlegung in Anwesenheit des Ökumenischen Patriarchs Bartholomaios I. von Konstantinopel, des Kardinals Friedrich Wetter und des Metropoliten Au-

Τον Οκτώβριο του 1993 τοποθετείται ο θεμέλιος λίθος παρουσία του Οικουμενικού Πατριάρχη Κωνσταντινουπόλεως Βαρθολομαίου Α΄, του καρδινάλιου Friedrich Wetter και του Μητροπολίτη Γερμανίας Αυγουστίνου.

goustinos von Deutschland statt. Kurz darauf wird die Allerseelenkirche bis auf die Außenmauern teilabgerissen. Die neue Dachkonstruktion mit einer Haupttonne und seitlichen Stichkappen besteht aus einer Mischung von Fertigteilen und Ortbeton. Der Innenraum ist von schlanken Säulen geprägt. Die Nebengebäude werden bis auf die Außenmauern entkernt. Zum Großteil trägt das katholische Ordinariat die Kosten für den Umbau, bei einer finanziellen Mitbeteiligung der Griechisch-Orthodoxen Metropolie.

Λίγο αργότερα, η εκκλησία Allerseelen κατεδαφίζεται εν μέρει, εκτός από τους εξωτερικούς τοίχους. Η νέα κατασκευή της στέγης με έναν κύριο τρούλο και πλευρικά κελύφη αποτελείται από προκατασκευασμένα στοιχεία και χυτό επιτόπου σκυρόδεμα. Το εσωτερικό χαρακτηρίζεται από λεπτούς στύλους. Τα βοηθητικά κτίσματα απογυμνώνονται μέχρι τους εξωτερικούς τοίχους. Το Διοικητικό Κέντρο της Ρωμαιοκαθολικής Αρχιεπισκοπής Μονάχου και Φράισινγκ χρηματοδοτεί στο μεγαλύτερο μέρος του το κόστος της ανοικοδόμησης, με οικονομική συνεισφορά από την Ελληνορθόδοξη Μητρόπολη.

**Einweihung 1995**

Nach zwei Jahren Bauzeit weiht Metropolit Augoustinos die Gr.-Orth. Allerheiligenkirche in Anwesenheit von Kardinal Friedrich Wetter und weiterer ranghoher Vertreterinnen und Vertreter aus Kirche und Politik. Zu diesem Zeitpunkt wurden bereits die ersten Ausmalungen fertiggestellt, u.a. die Kuppel. Seit 1995 wird die Gr.-Orth. Allerheiligenkirche von der Werkstatt Voutsina aus Thessaloniki ausgemalt.

Μετά από δύο χρόνια κατασκευής, ο Μητροπολίτης Γερμανίας Αυγουστίνος εγκαινιάζει την Ελληνορθόδοξη Εκκλησία των Αγίων Πάντων, παρουσία του καρδιναλίου Friedrich Wetter και άλλων υψηλόβαθμων εκπροσώπων της εκκλησίας και της πολιτικής. Εκείνη την περίοδο είχαν ήδη ολοκληρωθεί οι πρώτες αγιογραφίες, συμπεριλαμβανομένου του τρούλου. Από το 1995, ο ορθόδοξος ναός των Αγίων Πάντων αγιογραφείται από το εργαστήριο Βουτσινά από τη Θεσσαλονίκη.

**Auflassung 2009**

Der Auflassungsvertrag wird zwischen der Gr.-Orth. Metropolie von Deutschland und der Erzdiözese München und Freising unterzeichnet. Damit ist die Griechisch-Orthodoxe Metropolie offiziell Eigentümerin der Ungererstraße 131.

Το 2009, η σύμβαση μεταβίβασης υπογράφεται μεταξύ της Ελληνορθόδοξης Μητρόπολης Γερμανίας και της Αρχιεπισκοπής Μονάχου και Φράισινγκ. Η Ελληνορθόδοξη Μητρόπολη γίνεται έτσι επίσημα ιδιοκτήτης της οδού Ungererstrasse 131.

Die Kirche finanziert sich ausschließlich auch Spenden. Sie stellt Spendenbescheinigungen für das Finanzamt aus.

Η Ενορία των Αγίων Πάντων Μονάχου συντηρείται αποκλειστικά από τις δωρέες των πιστών. Εκδίδει πιστοποιητικά δωρεών για την Εφορία.

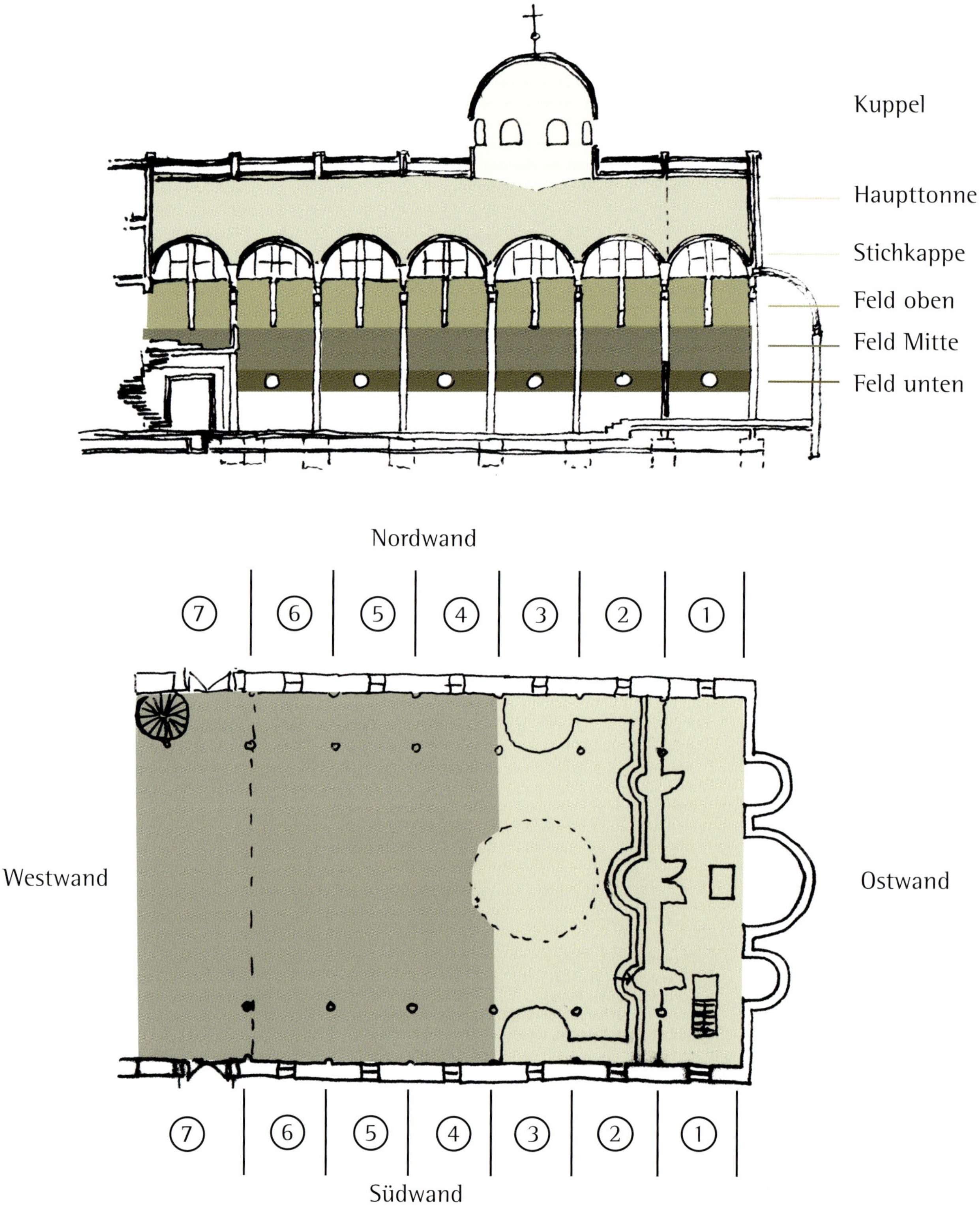


Schema zur Lokalisierung der Ausmalungen in der Gr.-Orth. Allerheiligenkirche

# Übersicht der Ausmalungen

**Ostwand, mittlere Apsis oben**
Platytera (η πλατυτέρα), 1995
Stiftung: Christos Marazidis
Die Darstellung der Mutter Gottes in der mittleren Apsis gehört zu den ersten Wandmalereien der Gr.-Orth. Allerheiligenkirche und befindet sich in jeder orthodoxen Kirche an der gleichen Stelle.

**Ostwand, mittlere Apsis unten**
Abendmahl (μυστικός δείπνος), 1995
Stiftung: Gr.-orth. Kirchengemeinde Allerheiligen
Jesus verteilt am Tisch von Engeln begleitet Brot (links) und Wein (rechts) an seine Jünger. Die Nähe zum Altar vergegenwärtigt die orthodoxe Haltung, dass die heilige Kommunion (Η Θεία Κοινωνία) ein sakramental-liturgisches Gegenwärtigwerden jener Nacht ist, in der Jesus selbst mit seinen Jüngern am Tisch saß und das Mysterion der heiligen Eucharistie vollzog.

**Kuppel oben**
Pantokrator (ο παντοκράτωρ), 1995
Stiftung: Gr.-orth. Kirchengemeinde Allerheiligen
Jesus wird, umgeben von Engeln, als Weltenherrscher dargestellt. Diese Ausmalung war eine der ersten in der Kirche, damit der zentrale Kerzenleuchter in der Kuppel aufgehängt werden konnte.

**Kuppel zwischen den Fenstern**
Propheten des Alten Testaments, 1995
Stiftung: Gr.-orth. Kirchengemeinde Allerheiligen
Gezeigt werden Propheten des Alten Testaments, die die Ankunft Jesu auf der Erde prophezeihen. Die Namen der Propheten werden in der Darstellung nicht genannt.

**Ostwand, oben Mitte**
Auferstehung (η ανάστασις), 1996
Stiftung: Alexios Petras
Jesus, mit Johannes dem Täufer zu seiner Linken und Abel zur Rechten, stößt die Tore des Hades auf und befreit Adam und Eva aus ihren Gräbern sowie die Gerechten des Alten Testaments.

**Ostwand, oben links**
Geburt Christi, 1996
Stiftung: Christos Arbaras
Maria hält den neu geborenen Jesus in einer Höhle an ihre Wange. Gott Vater ist als halbförmiger Stern über der Szene präsent, während Engel und die Heiligen Drei Könige, die Geschenke bringen, der Szene beiwohnen.

**Ostwand, oben rechts**
Taufe Christi, 1996
Stiftung: Ioannis Geromichaelos
Jesus wird, im Jordan stehend, von Johannes dem Täufer in der Präsenz von Engeln und Gott Vater als beiwohnende Stimme aus dem Himmel, getauft.

**Ostwand, kleine Apsis links**
Jesus als Kind, 1996
Stiftung: Elisabeth Swe
Jesus wird im unteren Bildteil gekreuzigt dargestellt. Über ihm steigt der Immanuel („Gott ist mit uns"), von Engeln begleitet, auf.

**Ostwand, zwischen den Apsiden**
Hl. Basililos (rechts) und Hl. Johannes Chrisostomos (links), 1996
Stiftung: Vassilios Adimudis
Die beiden Bischöfe aus dem 4. Jahrhundert verfassten Texte der göttlichen Liturgie, die noch heute im gr.-orth. Gottesdienst Verwendung finden.

**Ostwand, um die mittlere Apside**
Alttestamentliche Personen, 1996
Stiftung: Gr.-orth. Kirchengemeinde Allerheiligen
Die Porträts zeigen die alttestamentlichen Vorväter Adam und Noah, die alttestamentlichen Patriarchen Abraham und Jakob, die alttestamentlichen Könige David und Salomo sowie die alttestamentlichen Propheten Moses und Aaron.

**Ostwand, kleine Apsis rechts**
„Der Alte der Tage" (ο παλαιός των ημερών), 1996
Stiftung: Gr.-orth. Kirchengemeinde Allerheiligen
In der orthodoxen Kirchenkunst wird Gott manchmal als „der Alte der Tage" dargestellt, um symbolisch zu zeigen, dass er schon von Ewigkeit existierte.

**Ostwand, rechts oben**
Hl. Drei Jünglinge (οι τρεις Παίδες εν Καμίνω), 2005
Stiftung: Danai Kaltsidou-Kloster
Ananias, Azarias und Misael blieben im glühenden Feuerofen unversehrt. Sie wurden damit bestraft, weil sie sich weigerten, ein Götzenbild anzubeten. Daniel kam ebenfalls unversehrt aus der Löwenhöhle heraus.

**Ostwand rechts unten**
Die drei Hierarchen, 2005
Stiftung: Athanasios Vlesia
Zu sehen sind der Hl. Gregorios der Theologe, der Hl. Gregorios, Bischof von Nyssa, und der Hl. Athanasios, Patriarch von Alexandria.

Deckenansicht der Gr.-Orth. Allerheiligenkirche, 2023

**Ostwand, links**
Stammbaum Jesu (ρίζα του Ιεσσαί), 2005
Stiftung: Klados, Geller, Stassinopoulos, Michailidis
Das Motiv wird „Wurzel Jesse" genannt, weil Jesus aus dem Hause Jesse (Isai) abstammt. Isai war der Vater des Propheten David. Dargestellt ist der Thron mit der Mutter Gottes, auf ihrem Schoß das Jesuskind, während auf beiden Seiten die Zweige eines Baumes zu sehen sind. Am unteren Rand des Bildes ist Jesse liegend zu sehen, als wäre er die Wurzel des Baumes, dessen Zweige rechts und links vom Thron der Jungfrau Maria abgehen. In den Zweigen des Baumes sitzen die Propheten, die im Alten Testament die Ankunft Jesu und die Rolle der Mutter Gottes Maria prophezeit haben. Jeder Prophet hält gleichzeitig eine Schriftrolle mit der von ihm verkündeten Prophezeiung.

**Haupttonne, östliche Hälfte Mitte**
Christi Himmelfahrt (η ανάληψις), 1997
Stiftung: Manfred Schattenkirchner
Jesus fährt 40 Tage nach dem Osterfest, umgeben von Engeln, in den Himmel.

**Haupttonne, östliche Hälfte, rund um die Kuppel**
Schöpfung, 1998
Stiftung: Gr.-Orth. Kirchengemeinde Allerheiligen
Gezeigt werden Motive aus der Natur im Paradies. Zu sehen sind Tiere im Meer und an Land sowie der nackte Adam mit Eva. Die Tiere dienen in der Darstellung dem Menschen, ehe Adam das Paradies verlässt.

**Haupttonne, östliche Hälfte, rund um die Kuppel**
Vier Evangelisten, 1998
Stiftung: Elisabeth Weiler
Matthäus, Markus, Lukas und Johannes werden in sitzender Haltung beim Schreiben dargestellt.

**Haupttonne, westliche Hälfte, Nordseite**
Verklärung Christi (η μεταμόρφωσις), 2002
Stiftung: Elefterios Bassios
Jesus nimmt die Jünger Petrus, Jakobus und Johannes beiseite und führt sie auf einen Berg, wo er von strahlendem Licht und in einem weißen Gewand „verklärt" wird. Rechts ist Moses mit den Tafeln in der Hand zu sehen und links Elias, auf jeweils einem Berggipfel, dargestellt. Die Jünger, vom Licht der Erkenntnis geblendet, werfen sich zu Boden.

**Haupttonne, westliche Hälfte, Nordseite**
Kreuzigung, 2002
Stiftung: Argiri Parasiri-Bauer
Links unter dem gekreuzigten Jesus steht seine trauernde Mutter Maria. Sie wird von zwei Frauen begleitet und hat den Blick und ihre rechte Hand in Richtung ihres Sohnes erhoben. Auf der rechten Seite sind Johannes und der Zenturio Longinus zu sehen. Johannes hat die rechte Hand in Trauer an seine Wange gelegt, Longinus wendet seinen Körper vom Kreuz ab. Den Hintergrund bildet die Stadtmauer Jerusalems.

**Haupttonne, westliche Hälfte, Nordseite**
Der ungläubige Thomas, 2002
Stiftung: Nikolaos Cavouras
Der Apostel Thomas war abwesend, als Jesus nach der Auferstehung seine Jünger besuchte. Bei einem erneuten Besuch bittet er Jesus, ihm seine Wundmale zu zeigen, und Jesus öffnet sein Gewand, woraufhin Thomas ihn als Jesus erkennt.

**Haupttonne, westliche Hälfte, Nordseite**
Pfingsten, 2002
Stiftung: Argyropoulou-Staudinger
50 Tage nach Ostern sitzen die Apostel zusammen und erhalten den Heiligen Geist, dargestellt als rote Flamme über den Köpfen, während Gottes Stimme mit ihnen spricht. Mittig unten ist die Personifizierung des Kosmos zu sehen, welche auf einem Tuch Textrollen mit den verschiedenen Sprachen hält, in denen die Apostel nach der Ausgießung des Hl. Geistes geredet haben.

**Haupttonne, westliche Hälfte, Nordseite**
Einzug in Jerusalem, 2002
Stiftung: P. Polyzos
Eine Woche vor seiner Kreuzigung zieht Jesus auf einem Esel reitend in Jerusalem ein, während seine Jünger ihm folgen. Sein Weg wird von einem Kind mit einem Gewand ausgelegt.

**Haupttonne, westliche Hälfte, Nordseite**
Auferstehung des Lazarus, 2002
Stiftung: K. Papadopoulos
Als Vorbote der Auferstehung erweckt Jesus den toten Lazarus, eingehüllt in ein Leichentuch, aus dem geöffneten Grab und fordert ihn auf herauszukommen.

**Nordwand, Feld 1, Stichkappe rechts**
Brennender Dornbusch (η βάτος), 2005
Stiftung: Griechisches Generalkonsulat in München
Moses sieht auf dem Berg Horeb den brennenden Dornbusch. Darin sitzt Maria mit Jesus auf dem Schoß.

**Nordwand, Feld 1, Stichkappe links**
Prophet Elias (ο προφήτης Ηλίας), 2005
Stiftung: Klados Stylianos
Der Prophet Elias fährt in einem von Feuer umgebenen Pferdewagen in den Himmel hinauf.

**Nordwand, Feld 1, oben links**
Opferung Isaaks, 2005
Stiftung: Nikolaos Gollias
Abraham bekommt den Befehl, seinen Sohn Isaak zu opfern und begibt sich dafür auf einen Berg. Da ertönt die Stimme Gottes und fordert Abraham auf, seinem Sohn nichts zu Leide zu tun, da er seine Ehrfurcht bereits bewiesen hat.

**Nordwand, Feld 1, oben rechts**
Jakobsleiter (Η κλίμαξ του Ιακώβ), 2005
Stiftung: Walter Haberl, Monnica Hackl
Jakob, im Vordergrund schlafend, sieht im Traum eine Himmelsleiter, auf der Engel auf- und absteigen. Am Ende der Leiter ist das Bildnis der Mutter Gottes mit dem Jesuskind zu sehen.

Andromachi Voutsina, „Die Berufung der Apostel Philipp und Bartholomäus (Nathanael)“, 2014

Andromachi Voutsina, Heilige mit den mit ihnen in Verbindung stehenden Tieren, 2017

**Nordwand, Feld 2, Stichkappe rechts**
Jesus segnet die Kinder (ο Ιησούς ευλογών τα παιδιά), 2005
Stiftung: Evangelia Rüßmann-Tzilini
Zu Jesus wurden kleine Kinder gebracht. Die Jünger waren überrascht, doch Jesus lud sie ein und sagte: „Lasst die kleinen Kinder zu mir kommen und hindert sie nicht, denn ihnen gehört das Himmelreich". Die Platzierung in Richtung des Kirchenraums wurde so gewählt, dass vor allem Mütter, die ihre Neugeboreren zur Segnung vor den Altarraum bringen, die Darstellung sehen können.

**Nordwand, Feld 2, Stichkappe links**
Jesus begegnet nach seiner Auferstehung den Frauen (οι αγίες μυροφόρες), 2005
Stiftung: Haus Wittelsbach
Diese Darstellung, die im Zusammenhang mit der Auferstehung von Jesus steht, der im weißen Gewand zwei Frauen begegnet, wurde für das Haus Wittelsbach gewählt, da königliche Vorfahren der Adelsfamilie Griechenland beim Befreiungskampf gegen die osmanische Besetzung unterstützt haben. Otto von Wittelsbach war zwischen 1832 bis 1862 erster König von Griechenland.

**Nordwand, Feld 2, Mitte**
Apostel Paulus in Griechenland, 2012
Stiftung: Vassilios Koussidis
Aufgrund der Tatsache, dass München als „Isarathen" bezeichnet wird, wurde für das vorderste Feld im Kirchenraum auf der Südseite thematisch die Verbindung nach Griechenland gesucht mit den dortigen Wirkungsstätten des Apostel Paulus. Griechenland gilt auch als Wiege des Christentums, da u.a. in Athen, Thessaloniki und Korinth der Apostel Paulus gepredigt hat, wovon sich dann der Glauben weiter verbreitet hat.

**Nordwand, Feld 2, unten**
Hl. Priskila, Hl. Akylas, Hl. Pavlos, Hl. Titos, 2012
Stiftung: Vassilios Koussidis

**Nordwand, Feld 3, Stichkappe rechts**
Die Eltern von Maria (η κολακεία), 2010
Stiftung: Argiri Parasiri-Bauer
Dargestellt werden die Hl. Anna und der Hl. Joachim, wie sie Maria im Kindesalter im Schoß halten. Im Hintergrund verbindet ein Tuch einen Zweig mit dem Elternhaus.

**Nordwand, Feld 3, Stichkappe links**
Die Auferweckung der Tochter des Jairus (η ανάστασις της θυγατρός του Ιαείρου), 2009
Stiftung: Erich Lejeune
Jesus erweckt die zuvor totgeglaubte Tochter des Jairus und zieht sie aufrecht aus dem Bett.

**Nordwand, Feld 3, oben und Mitte**
Heilige vor der Spaltung der Kirche 1054 n. Chr., 2013
Stiftung: Erich Greipl
Dieses Feld soll die enge Verbindung zur katholischen Kirche symbolisieren, in dem „gemeinsame" Heilige vor dem Schisma von 1054 gezeigt werden.

**Nordwand, Feld 3, unten**
Hl. Marina Margarita, Hl. Veronika, Hl. Pachomios, Hl. Ploutarchos, 2013
Stiftung: Erich Greipl
Eine Besonderheit stellt die Hl. Veronika dar: Diese Abbildung wurde auf Einladung von einer kath. Nonne (Schwester Veronika) aus dem Karmel Heilig Blut in Dachau angefertigt, die als Vorbereitung eigens dafür in Griechenland in der Werkstatt Voutsina die byzantinische Malereitechnik studiert hatte. Die Einladung einer kath. Nonne erfolgte in der Überlegung, die enge Verbindung zwischen katholischer und orthodoxer Kirche zu leben.

**Nordwand, Feld 4, Stichkappe rechts**
Die Heilung eines Blinden bei Jericho (η ίασις του τυφλόυ), 2010
Stiftung: Ägäisverein/Verein der Ionischen Inseln
Jesus bedeckt mit Ton und Flüssigkeit einen Blinden auf den Weg nach Jericho. Dann sagt er dem Blinden, er solle sich im Teich von Siloah waschen. Nach der Waschung ist der Blinde geheilt.

**Nordwand, Feld 4, Stichkappe links**
Die Heilung der Schwiegermutter des Petrus (η ίασις της πεθεράς του Πέτρου), 2010
Stiftung: Argiri Parasiri-Bauer
Jesus heilt die Schwiegermutter von Petrus, indem er ihre Hand nimmt.

**Nordwand, Feld 4, oben links**
Jesus und Petrus, 2012
Stiftung: Gemeinde Geretsried
Die Berufung des Apostel Petrus steht symbolisch für die ev. Petruskirche von Geretsried. Die in Geretsried ansässige griechische Gemeinde feiert seit 1971 ihren gr.-orth. Gottesdienst in der Petruskirche.

**Nordwand, Feld 4, oben rechts**
Jesus und Nikodemus, 2012
Stiftung: Nikodemusgemeinde
Dieses Feld wird insgesamt als „Ökumenische Wand" bezeichnet: Der Hl. Nikodemus wurde in Anlehnung an die nahegelegene evangelische Nikodemuskirche in der Alten Heide gewählt, die auch dieses Feld gestiftet hat.

**Nordwand, Feld 4, Mitte links**
Die Berufung von Philippus und Natanael (Bartholomaios), 2014
Stiftung: Kardinal Friedrich Wetter
Das Motiv ist ein Vorschlag von Erzpriester Malamoussis. Diese Darstellung hat als Grundgedanken das Thema Freundschaft: Die Freundschaft zwischen Philippus und Natanael soll symbolisch für die Freundschaft zwischen Kardinal Wetter und dem Ökumenischen Patriarchen Bartholomaios I., stellvertretend für die eng verbundenen Konfessionen stehen.

**Nordwand, Feld 4, Mitte rechts**
Die Berufung von Matthäus (η κλήσις του Ματθαίου), 2014
Stiftung: Kardinal Reinhard Marx
Der Stifter Kardinal Reinhard Marx hat in Anlehnung an seinen Namensvetter sein eigenes „Ka-

Christofanis Voutsinas, „Die Erscheinung Jesu auf dem Weg nach Emmaus“, 2010

Christofanis Voutsinas, „Der barmherzige Samariter“, 2008

pital: Ein Plädoyer für den Menschen" (Frankfurt am Main 2008) als Buch über die katholische Soziallehre verfasst. Das Motiv wurde von Erzpriester Apostolos Malamoussis mit Matthäus gewählt. Matthäus war zunächst Finanzbeamter, bevor er Jünger wurde, weswegen er auch als „Patron der Finanzbeamten" gilt.

**Nordwand, Feld 4, unten**
Hl. Agapi, Hl. Sofia, Hl. Elpis, Hl. Rafael, Hl. Irini, Hl. Nikolaos, 2014
Stiftung: Ioakeimidou Agapi, Michael und Sofia Karekla, Athanasios und Dafni Ikonomou

**Nordwand, Feld 5, Stichkappe rechts**
Die Samariterin (η σαμαρείτις), 2010
Stiftung: Dimitra Theodosiou
Jesus traf während seiner Reise von Judäa nach Galiläa die Samariterin (rechts mit Krug) in der Stadt Sychar, in der Nähe des Jakobsbrunnens, wo er anhielt, um seinen Durst zu löschen. Jesus bat sie um Wasser und nachdem er ihr sein Wesen offenbart hatte, erklärte er ihr seine Lehre. Die Frau glaubte und ließ sich als Christin auf den Namen Fotini taufen.

**Nordwand, Feld 5, Stichkappe links**
Der Pharisäer und die Sünderin (η αλείψασα τον κύριον μύρω), 2010
Stiftung: Dimitrios Spanos
Jesus sitzt als Gast im Haus eines Pharisäers am Tisch zum Essen. Hinter ihn tritt eine Sünderin und salbt ihm das Haar mit wohlriechendem Öl. Der Pharisäer ist empört, dass Jesus ihr ihre Sünden vergibt.

**Nordwand, Feld 5, oben links**
Kyrill und Method, 2016
Stiftung: Nikolaos Fotiadis
Das Motiv war ein persönlicher Wunsch des Stifters. Die aus Thessaloniki stammenden Brüder Kyrill (rechts) und Method (links) widmeten sich im 9. Jahrhundert der Missionierung slawischer Völker. Symbolisch tragen beide das Modell einer Kirche.

**Nordwand, Feld 5, oben rechts**
Hl. Konstantin und Hl. Helena, 2016
Stiftung: Helena Fotiadis
Das Motiv war ein persönlicher Wunsch der Stifterin. Es zeigt den römischen Kaiser Konstantin und seine Mutter Helena, die eine herausragende Rolle bei der Verbreitung des Christentums spielen und als Heilige in Griechenland sehr beliebt sind.

**Nordwand, Feld 5, Mitte**
Der Weinstock und die Reben (η άμπελος), 2016
Stiftung: Iordanis Mechteridis
Für Erzpriester Apostolos Malamoussis gilt die Darstellung des Weinstocks als eines der schönsten Themen in der Ikonographie. Sie bezieht sich auf die Bildrede Jesu (Joh 15,1) „Ich bin der wahre Weinstock".

**Nordwand, Feld 5, unten**
Hl. Xenia, Hl. Nemi, Hl. Anastasia, Hl. Vera, 2016
Stiftung: Familie Prof. Dr. Konstantin Nikolakopoulos, Emmanuel Symiakou

**Nordwand, Feld 6, Stichkappe links**
Die Erscheinung Jesu auf dem Weg nach Emmaus (πρός Εμμαούς), 2010
Stiftung: Erzpriester Apostolos Malamoussis
Zwei Jünger sind auf dem Weg nach Emmaus, als ihnen der auferstandene Jesus begegnet. Die Darstellung versinnbildlicht, wie Jesus Menschen in ihrem Leben begleitet und steht im Zusammenhang mit Migration, Flüchtlingen und der Gegenwart Gottes für alle Menschen, wo immer sie leben, unabhängig von Herkunft, Hautfarbe, Sprache usw. Erzpriester Malamoussis hat im Namen seiner Familie dieses Motiv gestiftet, da Gott ihnen in allen Lebensabschnitten der Migration nach Deutschland beigestanden hat. Es ist bewusst nahe des Eingangs der Kirche platziert, um die Eintretenden unabhängig ihrer Herkunft willkommen zu heißen.

**Nordwand, Feld 6, Stichkappe rechts**
Das Gleichnis vom anvertrauten Geld (η παραβολή των ταλάντων), 2010
Stiftung: Dimitra Theodosiou
Ein Herr geht auf Reisen und vertraut sein Geld seinen drei Dienern an (links). Nach seiner Rückkehr rechnet er mit den Dienern ab (rechts): Während zwei fleißige Diener das Geld verdoppelt haben, hat der dritte seinen Teil nur versteckt und keinen Gewinn gemacht. Daher belohnt er nur die Fleißigen.

**Nordwand Feld 6**
(leer)
Für dieses Feld ist nach aktuellem Stand die Darstellung von Heiligen der Insel Kreta geplant.

**Nordwand, Feld 7, Stichkappe links (Empore)**
Die zehn Aussätzigen (η θεραπεία των δέκα λεπρών), 2011
Stiftung: Rosemary Dorner
Jesus war auf Reisen, als er das Rufen von zehn Leprakranken hörte, die wegen ihrer ansteckenden Krankheit abgetrennt von der Gesellschaft leben mussten. Er fordert sie auf, ihre Heilung von Priestern bezeugen zu lassen; letztendlich geht nur einer von ihnen zu Jesus zurück, um sich bei ihm zu bedanken.

**Nordwand, Feld 7, Stichkappe rechts (Empore)**
Der Teich von Siloah (η κολυμβήθρα του Σιλωάμ), 2011
Stiftung: Markos Triantafyllou und Anna Camerer
In den Teich von Siloah stieg ein Engel Gottes herab und wirbelte ihn auf. Wer zuerst in das vom Engel geheiligte Wasser fiel, wurde geheilt. Deshalb versammelten sich dort viele Kranke, um als Erste ins Wasser des Beckens zu fallen.

**Nordwand, Feld 7, oben (Empore)**
(leer)

**Westwand oben**
Maria Aufnahme in den Himmel (Μετάσταση), 2003
Stiftung: Chiona Schwarz
Es gibt die Tradition, dass im Westen einer orthodoxen Kirche die Aufnahme von Maria in den Himmel gezeigt wird. Jesus nimmt die Seele Marias, personifiziert als Säugling, und führt sie in den Himmel.

Der leblose Körper wurde beerdigt doch nach wenigen Tagen wurde das Grab Marias leer vorgefunden.

**Südwand, Feld 1, Stichkappe links**
Der zwölfjährige Jesus im Tempel (ο Ιησούς Χριστός ο δωδεκαετής), 2005
Stiftung: Georgios Stassinopoulos
Als Jesus zwölf Jahre alt war, besuchte er im Rahmen der jährlichen Pilgerfahrt der Juden zusammen mit der Jungfrau Maria und Josef den Tempel Salomos. Auf dem Rückweg war Jesus nicht zu finden und so kehrten die Jungfrau Maria und Josef nach Jerusalem zurück, um ihn zu suchen. Sie fanden ihn im Tempel, wo er den Schriftgelehrten das Wort Gottes lehrte. Die Platzierung war ein persönlicher Wunsch von Erzpriester Malamoussis, da sich an der Stelle im Altarraum die Kinder aufhalten, die bei der Messe mitwirken.

**Südwand, Feld 1, Stichkappe rechts**
Die Offenbarung des Gottessohnes auf dem Wasser (ο Ιησούς Χριστός περιπατών έπι θαλάσση), 2005
Stiftung: Evangelia Rüßmann-Tzilini
Jesus auf dem Wasser gehend zieht Petrus aus dem Wasser, während die anderen Jünger ihn von einem Segelboot aus beobachten.

**Südwand, Feld 1, oben rechts**
Die Zehn-Gebote Moses, 2005
Stiftung: Gollias Nikolaos
Moses empfängt auf dem Berg Sinai die Steintafeln aus dem Himmel.

**Südwand, Feld 1, oben links**
Die Durchquerung des Roten Meeres, 2005
Stiftung: Ioannis Agorastos
Das israelische Volk durchquert das Rote Meer, das sich zu einer trockenen Straße geteilt hat, nachdem Moses seinen Stock erhoben hatte.

**Südwand, Feld 2, Stichkappe links**
Die Hochzeit zu Kana (ο εν Κανά γάμος), 2005
Stiftung: Dimitrios Zamboulas
Die Darstellung zeigt Jesus mit dem Hochzeitspaar an einem Tisch sitzend, bevor er das Wasser in den Krügen zu Wein wandelt. Hinter ihm ist seine Mutter zu sehen. Die Platzierung der Gesamtdarstellung wurde hier so gewählt, dass Paare beim Sakrament der Hochzeit die Ausmalung sehen können.

**Südwand, Feld 2, Stichkappe rechts**
Das Gleichnis vom verlorenen Sohn, 2005
Stiftung: Michael und Almut Machailidis
Der jüngere Sohn kehrt verarmt und elend zu seinem Vaters zurück, nachdem er in die Welt hinaus gegangen war und sein Erbe ausgegeben hat. Der Vater empfängt ihn mit offenen Armen.

**Südwand, Feld 2, oben links**
Mutter Gottes, 2005
Stiftung: Dimitrios Zamboulas
Da die sich darunter befindenen Hymnensänger die Mutter Gottes preisen, wurde diese hier platziert.

**Südwand, Feld 2, oben rechts**
Jesus Christus, 2005
Stiftung: Grigorios Valassis
Da die sich darunter befindenen Hymnensänger Jesus Christus preisen, wurde dieser hier platziert.

**Südwand, Feld 2, Mitte**
Heilige Hymnenschreiber, 2005
Stiftung: Heinz und Anneliese Burghart, Georgios Vlachonis
Da sich dieses Feld vor dem Platz der Hymnensänger befindet, wurden Darstellungen in Zusammenhang mit byzantinischer Musik gewählt, d.h. Hymnenschreiber oder Verfasser liturgischer Texte.

**Südwand, Feld 2, unten**
Hl. Josef, Hl. Johannes Koukouzelis, Hl. Andreas, Hl. Kosmas, 2005
Stiftung: Gr.-orth. Allerheiligengemeinde

**Südwand, Feld 3, Stichkappe links**
Der gute Hirte (ο καλός ποιμήν), 2006
Stiftung: Ioanna Babanikolou-Kerani
Jesus wird als Hirte dargestellt, der ein Lamm auf seinen Schultern trägt und von Schafen und Jüngern umgeben ist. Im Hintergrund der Landschaft ist eine Miniatur der Gr.-Orth. Allerheiligenkirche in München gemalt.

**Südwand, Feld 3, Stichkappe rechts**
Das Gleichniss vom Sämann (η παραβολή του σπορέως), 2006
Stiftung: Ioanna Babanikolou-Kerani
Jesus säht alleine auf einem Feld Saat aus.

**Südwand, Feld 3**
Väter der sieben ökumenischen Synoden, 2006
Stiftung: Antigoni Skaka, Thomas Leitermann, Evty Zygouri
Da sich auf dieser Achse der Bischofsthron befindet, werden hier Bischöfe der sieben ökumenischen Synoden gezeigt. Die sieben ökumenischen Synoden fanden zwischen 325 bis 787 n. Chr. statt. Die Väter dieser Synoden gelten als Heilige. Der Bischof gilt als Garant für das Weiterleben der Kirche in ihrer Lehre und Ordnung. Das griechische Wort für Bischof (επίσκοπος) geht auf das griechische Verb für „überwachen" zurück.

**Südwand, Feld 4, Stichkappe links**
Das Gleichnis von den klugen und den törichten Jungfrauen (Παραβολή των Δέκα Παρθένων), 2008
Stiftung: Thomas Pilidis
Jesus und die fünf klugen Jungfrauen sind umgeben von einer Mauer. Sie haben für die Suche des Bräutigams in der Nacht rechtzeitig ihre Lampen mit Öl gefüllt und sind hereingelassen worden. Vor den Toren stehen die fünf törichten Jungfrauen, die sich nicht um die Lampen gekümmert haben.

**Südwand, Feld 4, Stichkappe rechts**
Das Gleichnis vom Pharisäer und vom Zöllner, 2008
Stiftung: Evangelia Rüßmann-Tzilini
Zwei Figuren stehen zweimal im Tempel: Links stehend der Pharisäher und der Zöllner kniend neben ihm, und in der rechten Gruppe der Zöllner stehend mit Heiligenschein, geöffneten Armen und gesenktem Kopf. Er betet für den Zöllner.

**Südwand, Feld 4, oben links**
Hl. Stachys, 2008
Stiftung: Maria Metaxa
Der Hl. Stachys war der erste Bischof von Konstantinopel.

**Südwand, Feld 4, oben rechts**
Hl. Georgios, 2008
Stiftung: Georgios Mandalenakis
Der Hl. Georg auf einem weißen Pferd reitend besiegt den Drachen.

**Südwand, Feld 4, Mitte**
Konstantinopel, 2008
Stiftung: Paraskevi Tsanakas, Andreas Morakis
Da die Kirche der Gr.-Orth. Metropolie in Deutschland dem Ökumenischen Patriarchat in Konstantinopel untersteht und die byzantinische Tradition dort ihren Ursprung hat, soll diese Tafel die Verbundenheit mit dieser Stadt ausdrücken. Darüber sind der Hl. Chrisostomos und der Hl. Fotios zu sehen, die in Konstantinopel als Patriarchen gewirkt haben.

**Südwand, Feld 4, unten**
Hl. Gregorios, Hl. Olympiada, Hl. Maximos, Hl. Theodora, 2008
Stiftung: Maro Metaxa

**Südwand, Feld 5, Stichkappe links**
Bergpredigt (η επί του όρους ομιλία), 2008
Stiftung: Nikolaos Kamakaris
Die Bergpredigt aus dem Matthäusevangelium ist eine der Reden Jesu, die seine moralischen Thesen besonders hervorhebt. Sie enthält einige seiner berühmtesten Lehren, wie die Seligpreisungen, das Sonntagsgebet und das bekannte Vaterunser.

**Südwand, Feld 5, Stichkappe rechts**
Die Speisung der Fünftausend (Ο πολλαπλασιασμός των άρτων), 2008
Stiftung: Nikolaos Kamakaris
Jesus segnet die fünf vorhandenen Brote und vervielfältigt sie.

**Südwand, Feld 5, oben rechts**
Hl. Jona, 2017
Stiftung: Saskia Greipl-Kostantinidis
Der Hl. Jona wird ins Meer geworfen und dort von einem großen Fisch verschluckt; in der Hand hält er eine Schriftrolle.

**Südwand, Feld 5, oben links**
Hl. Elias mit dem Raben, 2017
Stiftung: Saskia Greipl-Kostantinidis
Der Hl. Elias sitzt in einer Höhle und wird von einem Raben besucht, der mit Brot versorgt.

**Südwand Feld 5 Mitte**
Heilige mit Tieren, 2017
Stiftung: Saskia Greipl-Kostantinidis
Hier werden Heilige in Verbindung mit der Natur in Form von Tieren gezeigt, da die Kirche auch die Natur segnet. Die dargestellten Heiligen haben mit Tieren ein besonderes Verhältnis: Der Hl. Mamas auf einem Löwen reitend, der Hl. Modestos in Begleitung von zwei Hunden, die Hl. Tatiana mit einem Löwen und der Hl. Serafim mit einem Bären. Auch die kleineren Ikonen darunter zeigen Heilige mit Tieren. Bei den Motiven gibt es einen Bezug zur tierlieben Stifterin. Die Darstellungen zeigen theologisch die harmonische Verbindung des Menschen mit dem Tierreich in der Freude Gottes.

**Südwand Feld 5 unten**
Hl. Filaretos, Hl. Themistoklis, Hl. Vlasios, Hl. Trifon, 2017
Stiftung: Saskia Greipl-Kostantinidis

**Südwand, Feld 6, Stichkappe links**
Die Heilung des Gelähmten, 2008
Stiftung: Kretischer Verein
Zu Jesus wird in Kapernaum ein Gelähmter zur Heilung gebracht. Weil die Menschenmenge zu groß ist, wird das Bett des Gelähmten an vier Seilen befestigt und vom Haus heruntergelassen.

**Südwand, Feld 6, Stichkappe rechts**
Der barmherzige Samariter (ο καλός σαμαρείτης), 2008
Stiftung: Georgios Antoniou
Ein Mann auf dem Weg von Jerusalem hinab nach Jericho geriet unter die Räuber, die ihn ausplünderten und schwerverletzt liegen ließen. Zwei Menschen gingen vorüber und ignorierten ihn. Schließlich sieht als Dritter ein Samariter den verletzten Mann, erbarmte sich und versorgt dessen Wunden.

**Südwand, Feld 6, oben**
Mariä Verkündigung, 2015
Stiftung: Stylianos Petas
Der Engel Gabriel (links vom Fensterschlitz) verkündet der sitzenden Maria (rechts) die Botschaft, dass sie die Mutter Gottes werden wird. Diese Darstellung ist in jeder orthodoxen Kirche vorhanden.

**Südwand, Feld 6, Mitte**
Jesus und die Jünger, 2015
Stiftung: Kardinal Friedrich Wetter
Die großformatige Darstellung (2,05 x 3,43 Meter) zeigt die Begegnung Jesu mit seinen Jüngern am Tag seiner Auferstehung, wie er „sie anhauchte und zu ihnen sprach: Empfangt den Heiligen Geist". (Johannes 20, 22)

**Südwand, Feld 6, unten**
(leer)

**Südwand, Feld 7, Stichkappe rechts (Empore)**
Die Heilung einer kranken Frau (η θεραπεία της αιμορροούσης), 2011
Stiftung: Markos Triantafyllou und Anna Camerer
Eine an unkontrollierten Blutungen leidende Frau berührt von hinten den Arm Jesu und wird geheilt.

**Südwand, Feld 7, Stichkappe links (Empore)**
Die Heilung des Gelähmten, 2011
Stiftung: Frohn und Fakhoury
Jesus heilt einen Gelähmten in Jerusalem und fordert ihn vor allen Anwesenden auf, sein Bett zu nehmen und nach Hause zu gehen, was dieser auch tut.

**Südwand, Feld 7, oben**
(leer)

Andromachi Voutsina, „Der Weinstock und die Reben“ in der Gr.-Orth. Allerheiligenkirche, 2016

# Archiv- und Literaturverzeichnis


**Archive und Sammlungen**

Archiv der Gr.-Orth. Allerheiligenkirche München

Archiv des Erzbistums München und Freising

Personalstand der Königlich Bayerischen Technischen Hochschule zu München im Wintersemester 1904/1905, TUM Archiv

Privatarchiv Manfred Lamberty

Privatarchiv Arbo Steidle

Marktarchiv Dießen am Ammersee

Zentralregistratur der Lokalbaukommission München

Privatarchiv Robert Brannekämper sen.

Architekturmuseum der TU München

**Quellenliteratur**

Friedrich Ostendorf, Die Geschichte des Dachwerks, Leipzig 1908

R. A. Linhof, Die Kultur der Münchener Friedhofs-Anlagen Hans Grässels, München 1918

Georg Lill, „Zu den neuen Kirchen Münchens", in: Die Christliche Kunst 1926/1927

[ohne Autor], „Ein Freudenfest der Kuratie Allerseelen", Münchner Fremdenblatt Nr. 301, 28. Oktober 1929

BayDSchG Teil 9 Art. 26 Kirchliche Denkmäler Abs. 2, Fassung: 25. Juni 1973, Textgültigkeit: 18. März 2023

Elmar Huss, „Ausländer in München – Eine statistische Fortschreibung", in: Münchner Statistik, 1984

Giorgos Simioforidis (Hrsg.), Le Corbusier. Texte zu Griechenland, Athen 1987

Marina Marinescu, Walter Kiefl, Wir werden sehen... Das Leben der Griechen in und zwischen zwei Ländern, Frankfurt 1990

[ohne Autor], „Wettbewerb Griechisch-Orthodoxe Kirche in Zürich-Wipkingen", in: Schweizer Ingenieur und Architekt, Nr. 8., 22. Februar 1990

Karljosef Schattner, „Mensa der Universität Eichstätt", in: Bauen in Beton, 1990/91

Antonios Alevisopoulos, „Die Anfänge der griechischen Orthodoxie", in: Dienst am Volk Gottes, Herten 1992

Anastasios Kallis, „Griechische Identität und Orthodoxie", in: Dienst am Volk Gottes, Herten 1992

Holger Brülls, Neue Dome – Wiederaufnahme romanischer Bauformen und antimoderne Kulturkritik im Kirchenbau der Weimarer Republik und der NS-Zeit, Berlin 1994

Höser, „Tonnengewölbe, Stichkappen und Kuppel", in: Hochbau 6/95, 1995

Alexandra Goulaki-Voutyra, Giorgos Karadedos, Giogos Labbas, Η εκκλησιαστική μαρμαρογλυπτική στις Κυκλάδες από τον 16ο ως τον 20ο αιώνα [Die kirchliche Marmorglyptik auf den Kykladen vom 16. bis zum 20. Jahrhundert], Athen 1996

Friedbert Ficker, „Tendenzen religiöser Kunst in Griechenland", in: Das Münster, Nr. 49, 1996

[Ohne Autor], „Wohl gerundet – Verzinntes Kupfer als Dachbekleidung", in: Sbz20/1996

Sebastian Multerer, Julian Wagner (Hrsg.), Otho Orlando Kurz, Zürich 2017

Konstantin Kotsowilis, Die Griechische Kirche in München als Gotteshaus zum Erlöser, Gemeinde der Hellenen und Mittelpunkt des Bayerischen Philhellenismus; ehemals Friedhofskirche Sankt Salvator. Festschrift zum 170-jährigen Gemeinde-Jubiläum (1828–1998), München 1998

Ludger Westrick, „Perspektiven der Griechen in Deutschland", in: Orthodoxie in Begegnung und Dialog, Münster 1998

Friedrich Wetter, „Orthodoxe in München und Bayern – Entwicklungen, Begegnungen, Erfahrungen", in: Orthodoxie in Begegnung und Dialog, Münster 1998

Lothar Altmann, Pfarrkirche Leiden Christi Obermenzing Kunstführer, Germering 1999

Heinrich Klotz, Architektur der Zweiten Moderne – Ein Essay zur Ankündigung des Neuen, Stuttgart 1999

Apostolos Malamoussis, „Die Salvatorkirche in München – eine aufregende Geschichte", in: Die orthodoxe Kirche, Frankfurt am Main 1999

Karin Hösch, Griechisch-orthodoxe Kirchen München: Salvatorkirche, Allerheiligenkirche, Passau 2000

Alexander von Branca, Facetten eines Lebens, Bad Tölz 2001

Friedrich Kurrent, Scarlett Munding (Hrsg.), Einige Häuser, Kirchen und dergleichen, Salzburg 2001

Steffen Krämer, „‚Mythos Kunststadt' – Architektur der zwanziger Jahre in München", in: Münchner Moderne – Kunst und Architektur der zwanziger Jahre, München/Berlin 2002

Κωστας Μπαρουτας, Οι Ναοί των Ελλήνων μεταναστών, Athen 2006

Wolfgang Kaehs, Manfred Lamberty, Johannes Oberbauer, 50 Jahre Pfarrkirche Allerheiligen, Horb am Neckar 2007

Thomas Kronewiter, „Der unverstellte Blick", in: Süddeutsche Zeitung Nr. 103, 06. Mai 2009

John James Yiannias, „Coping with the imported past – A theme in Greek and Greek American Church Architecture", in: Αναθέματα εορτικά, Mainz am Rhein 2009

Cay Lienau, „Die griechische Gastarbeiterwanderung und ihre Auswirkungen auf Herkunfts- und Zielgebiete", in: Meilensteine deutsch-griechischer Beziehungen, Athen 2010

Peter Weismann, Apostolos Malamoussis, München 2010

Sophie Wolfrum, Alexandra Block, Markus Lanz, Franz Schiermeier (Hrsg.), Theodor Fischer Atlas – Städtebauliche Planungen München, München 2012

Edwin Egeter, Modern oder traditionell? Neue Sakralbauten von Migranten in der Schweiz, Saarbrücken 2014

Οικουμενικό Πατριαρχείο Ιερά Μητρόπολη Γερμανίας Εξαρχία Κεντρώας Ευρώπης, Μικρες Πατριδες / Οι Εδορίες της Ιεράς Μητροπολεως Γερμανίας (1962–2013), Bonn 2014

Ralf Schlüter, „Gebauter Glaube?!", in: Kirchen im Umbau, Osnabrück 2015

Anita Strezova, „The Fresco of the ‚Anastasis' in the Chora Church", in: Hesychasm and Art. The Appearance of New Iconographic Trends in Byzantine and Slavic Lands in the 14th and 15th Centuries, Canberra 2014

Martina Kousidi, "Through the Lens of Sigfried Giedion – Exploring Modernism and the Greek Vernacular in situ", in: RIHA Journal Nr. 0136, 15. Juli 2016

Stefan Krämer, „Kirchen und ihre Zukunft – Herausforderung und Verantwortung für die ganze Gesellschaft", in: Kirchengebäude und ihre Zukunft: Sanierung – Umbau – Umnutzung, Ludwigsburg 2017

Andreas Tunger-Zanetti, Martin Baumann, „Neue Sakralbauten in der Politik des Raums. Eine dimensionenbasierte Analyse der Errichtung religiöser Gebäude in der Schweiz", in: Religion, Raum und Natur, Berlin 2017

Massimo Visone, „The shadow line", in: Time Frames: Conservation Policies for Twentieth-Century Architectural Heritage, Routledge, London, 2017

Christof Dipper, „Moderne, Version 2.0", in: Docupedia-Zeitgeschichte (Stand: 17. Januar 2018) [https://docupedia.de/zg/Dipper_moderne_v2_de_2018] Letzter Zugriff am 28. Dezember 2022

Lothar Altmann, Der Bürgersaal in München, Lindenberg im Allgäu 2018

Martin Hahn, Clemens Kieser, Melanie Mertens, „Projekt Youngtimer: Denkmalwerte der 1980er Jahre – Eine Annäherung", in: Denkmalpflege in Baden-Würtenberg, Nr. 2, 2019

Myrto Stenou, "Live your Myth in Greece: Towards the Construction of a Heritage Identity", in: Heritage, Nr. 2, Basel 2019

Sibylle Appuhn-Radtke, Zwei Kirchen unter einem Dach: St. Sylvester in München Schwabing – 800 Jahre Geschichte, Kunst und Kultur, München 2020

Lothar Altmann, Alte St. Martinskirche München-Moosach, Lindenberg im Allgäu 2020

Karin Berkemann, „Die 1990er Jahre werden Kulturerbe. Denkmalpflege zwischen Post- und Transmoderne", in: Das Ende der Moderne?, Berlin 2021

Franz Hauner, Licht, Luft, Sonne, Hygiene. Architektur und Moderne in Bayern zur Zeit der Weimarer Republik, Berlin 2021

Kritische Online-Edition der Tagebücher Michael Kardinal von Faulhabers (1911–1952). Verfügbar unter: [https://faulhaber-edition.de/03697]. Letzter Zugriff am 24. November 2022.

Film „Μικρές Πατρίδες", Ιερός Ναός Αγίων Πάντων στο Μόναχο Γερμανίας, [https://www.youtube.com/watch?v=Ee90MTZaKiM] Letzter Zugriff am 12. Oktober 2022

# Abbildungsnachweis

Vorderseite Umschlag
Lokalbaukommission München, Zentralregistratur
Nachbearbeitung und Collage: Korinna Zinovia Weber

Vorsatz
Foto: HellasTV
Fotios Marantos, Stelios Papagiannopoulos
Nachbearbeitung: Andreas Thuy und Korinna Zinovia Weber

3
Robert Brannekämper, Faszination Türme, München 2019, S. 33 aus dem Privatarchiv von Robert Brannekämper sen.

4
Privatarchiv Korinna Zinovia Weber
Foto: Peter Weber, 2023

6
Archiv der Gr.-Orth. Allerheiligenkirche
Nachbearbeitung: Andreas Thuy

10
Privatarchiv Korinna Zinovia Weber
Foto: Peter Weber, 2023

14
Archiv der Gr.-Orth. Allerheiligenkirche

19
Privatarchiv Robert Brannekämper

20
Zentralinstitut für Kunstgeschichte, Photothek/ Archiv (ZI-0906-01-364706)
Foto: Margrit Behrens, 1991

25 oben und unten
Bauform 14. Jahrgang 1981, S. 30–31

26
Privatarchiv Robert Brannekämper

29
Foto: Ulrich Hilgner, 2023

30
Privatarchiv Manfred Lamberty

32
Franz Schiermeier Verlag München

35 oben
Archiv des Erzbistums München und Freising BB011 (Gesamtkirchenverwaltung München), 186: Pfarrei Allerseelen (seit 1962 Pfarrei Allerheiligen), 1927-1938

35 unten, 37, 38 oben und unten, 39 oben und unten
Lokalbaukommission München, Zentralregistratur

40
Privatarchiv Arbo Steidle
Collage: Korinna Zinovia Weber

43 oben und unten, 44 oben, Mitte, unten
Lokalbaukommission München, Zentralregistratur

46 oben
Architekturmuseum der TU München,
Signatur: steid_r-3-1000
Foto: Dr. Hans Steinmetz, 1940

46 unten
Zentralinstitut für Kunstgeschichte, Photothek/ Archiv (ZI-0827-02-345281)
Foto: Margrit Behrens, 1990

48 oben
Architekturmuseum der TU München,
Signatur: steid_r-3-1001
Foto: Dr. Hans Steinmetz, 1940

48 unten
Privatarchiv Manfred Lamberty

51 oben und unten
Privatarchiv Manfred Lamberty

53 oben und unten
Privatarchiv Manfred Lamberty
Foto: Manfred Lamberty

54
Privatarchiv Robert Brannekämper
Foto: Korinna Zinovia Weber, 2022

56
Privatarchiv Robert Brannekämper
Collage: Korinna Zinovia Weber

60, 61, 62, 63, 64
Archiv der Gr.-Orth. Allerheiligenkirche

68, 70 oben
Privatarchiv Robert Brannekämper

70 unten, 72, 73
Lokalbaukommission München, Zentralregistratur

75 oben und Mitte
Privatarchiv Robert Brannekämper

75 unten
Lokalbaukommission München, Zentralregistratur

76
Archiv der Gr.-Orth. Allerheiligenkirche
Foto: Erzpriester Apostolos Malamoussis

78 oben
Privatarchiv Manfred Lamberty
Foto: Manfred Lamberty

78 unten
Archiv der Gr.-Orth. Allerheiligenkirche
Foto: Robert Brannekämper, 1994

80 oben und unten
Archiv der Gr.-Orth. Allerheiligenkirche
Fotos: Robert Brannekämper, 1994

83 oben
Archiv der Gr.-Orth. Allerheiligenkirche
Foto: Robert Brannekämper, 1994

83 unten
Privatarchiv Robert Brannekämper
Foto: Robert Brannekämper, 1995

85 oben
Archiv der Gr.-Orth. Allerheiligenkirche

85 unten
Archiv der Gr.-Orth. Allerheiligenkirche
Foto: Erzpriester Apostolos Malamoussis, 1995
Nachbearbeitung: Andreas Thuy

86
Archiv der Gr.-Orth. Allerheiligenkirche
Foto: Sotirios Loukas, 1995

88 oben
Archiv der Gr.-Orth. Allerheiligenkirche
Foto: Erzpriester Apostolos Malamoussis, 1996

88 unten
Archiv der Gr.-Orth. Allerheiligenkirch
Foto: Erzpriester Apostolos Malamoussis, 2005

90
Privatarchiv Werkstatt Voutsina

92 oben
Rabe! (https://commons.wikimedia.org/wiki/File:
Chora-Kirche_2013-03-21zf.jpg), https://creative
commons.org/licenses/by-sa/4.0/legalcode

92 unten
Archiv der Gr.-Orth. Allerheiligenkirche
Foto: Peda-Kunstführer

94
Benediktinerstift Melk, Cod. 1903, fol. 62 v
Psalterium, Würzburg um 1255/1260

95 oben
Privatarchiv Werkstatt Voutsina

95 unten
Archiv der Gr.-Orth. Allerheiligenkirche
Foto: Ingrid Grossmann, 2022

98
Foto: Korinna Zinovia Weber, 2023

100 links
Privatarchiv Korinna Zinovia Weber
Foto: Alexander Weber, 2023
Nachbearbeitung: Korinna Zinovia Weber

100 Mitte
Foto: Sophie Pfleger, 2023

100 rechts
Erzbischöfliches Ordinariat München,
Hauptabteilung Kunst
Foto: Achim Bunz, 2021

102 oben und unten
Fotos: Korinna Zinovia Weber, 2023
Nachbearbeitung: Korinna Zinovia Weber

104 oben
Foto: Korinna Zinovia Weber, 2023

104 unten
Foto: Katja Ossiander, 2023
Nachbearbeitung: Korinna Zinovia Weber

105 oben
Foto: Erzpriester Apostolos Malamoussis, 2023

105 unten
Foto: Isabell Inzenhofer, 2023
Nachbearbeitung: Korinna Zinovia Weber

106 oben
Foto: Panagiota Poupi, 2023

106 unten
Privatarchiv Korinna Zinovia Weber
Foto: Peter Weber, 2008

111
Archiv der Gr.-Orth. Allerheiligenkirche,
Foto: Robert Brannekämper, 1995

112
Foto: Korinna Zinovia Weber, 2023

114 oben
Archiv der Gr.-Orth. Allerheiligenkirche,
Foto: Ingrid Grossmann, 2009

114 unten
Zentralinstitut für Kunstgeschichte, Photothek/
Archiv (ZI-0827-02-345266)
Foto: Margrit Behrens, 1990

116 oben und unten
Fotos: Korinna Zinovia Weber, 2022

122
Archiv der Gr.-Orth. Allerheiligenkirche
Foto: Ingrid Grossmann, 2018

125 oben
Foto: Korinna Zinovia Weber, 2022

125 unten
Zentralinstitut für Kunstgeschichte, Photothek/
Archiv (ZI-0826-05-354785)
Foto: Margrit Behrens, 1990

126 oben und unten
Archiv der Gr.-Orth. Allerheiligenkirche

129
Archiv der Gr.-Orth. Allerheiligenkirche
Foto: Ingrid Grossmann, 2006

130
Archiv der Gr.-Orth. Allerheiligenkirche
Foto: Ingrid Grossmann, 2022

132
Archiv der Gr.-Orth. Allerheiligenkirche
Foto: Archimandrit Georgios Siomos

134
Privatarchiv Korinna Zinovia Weber
Foto: Peter Weber, 2023
Nachbearbeitung: Korinna Zinovia Weber

135 links und rechts
Archiv der Gr.-Orth. Allerheiligenkirche

136 links
Marktarchiv Dießen am Ammersee

136 rechts
Privatarchiv Robert Brannekämper

137 links und rechts
Archiv der Gr.-Orth. Allerheiligenkirche

138 links und rechts
Archiv der Gr.-Orth. Allerheiligenkirche

142
Schema: Korinna Zinovia Weber

144
Archiv der Gr.-Orth. Allerheiligenkirche
Foto: Ingrid Grossmann, 2022

146 oben und unten
Archiv der Gr.-Orth. Allerheiligenkirche
Foto: Ingrid Grossmann, 2022
Nachbearbeitung: Korinna Zinovia Weber

148 oben und unten
Archiv der Gr.-Orth. Allerheiligenkirche
Fotos: Erzpriester Apostolos Malamoussis, 2023

152
Archiv der Gr.-Orth. Allerheiligenkirche
Foto: Ingrid Grossmann, 2022
Nachbearbeitung: Korinna Zinovia Weber

158
Privatarchiv Korinna Zinovia Weber
Foto: Vasilios Adimoudis, 2021

Nachsatz
Foto: Peter Weber, 2023

Rückseite Umschlag
Lokalbaukommission München, Zentralregistratur
Nachbearbeitung und Collage: Korinna Zinovia Weber

# Danksagung

Dieses Buch wäre ohne die Unterstützung Vieler in dieser Form nicht möglich gewesen, denen an dieser Stelle mein tiefster Dank ausgesprochen werden soll.

Dem Zentralinstitut für Kunstgeschichte und dafür stellvertretend Iris Lauterbach sowie dem Verein der Freunde des Zentralinstituts für Kunstgeschichte e.V. CONIVNCTA FLORESCIT, deren Stipendium (Theodor-Fischer-Preis 2022) mir die Zeit gab, in dieses Thema einzutauchen.

Der Geschwister Boehringer Ingelheim Stiftung für Geisteswissenschaften für die Übernahme eines Teils der Druckkosten.

Dem Kunstverlag Josef Fink, der dieses Buchprojekt in die Welt trug; vielen Dank insbesondere an Josef Fink und Matthias Baumgartner. Dank auch an Holger Reckziegel für die finale Bildbearbeitung.

Der Gr.-Orth. Metropolie von Deutschland und stellvertretend Metropolit Augoustinos, der die Recherche stets unterstützt und für dieses Buch das eröffnende Grußwort verfasst hat.

Friedrich Kardinal Wetter, der mit seinen Erinnerungen und dem Geleitwort dieses Buch zutiefst bereichert hat.

Robert Brannekämper sen., der mit großer Herzlichkeit sein Archiv geöffnet und mit viel Liebe von der Entstehungsgeschichte erzählt hat.

Herzog Franz von Bayern, der den Druck finanziell unterstützt hat.

Manfred Lamberty, der sein Wissen und Archiv über die Allerseelenkirche für dieses Buchprojekt zugänglich gemacht hat.

Den Archivarinnen und Archivaren, denen ich bei meinen Besuchen begegnet bin: Irene Meissner im Architekturmuseum der TU München, Barbara Blankenburg im Marktarchiv Dießen und Guido Treffler im Archiv des Erzbistums München und Freising.

Für punktuelle fachliche Impulse bedanke ich mich bei Prof. Markus Peter, Prof. Manfred Schuller, Prof. Tom Avermaete und insbesondere Prof. Andreas Putz, der auch das Vorwort verfasst hat.

Es seien auch genannt: Arbo Steidle, Ionas Sklavounos, Margarita Agriantoni, Danai Kloster-Kaltsidou, Horst Hambrusch, Ruth Jureczek, Reinhard Engelbrecht, Sibylle Appuhn-Radtke, Herbert Hotop, Wolfgang Stöcker, Klaus Feldhütter, Bernhard Wöll, Edwin Egeter, Andreas Tunger-Zanetti, Sr. Solemnis, Katerina Tsalma und Familie, Panagiota Karakolidou und Familie, Helen Thomas, Alissa Yang, Meruert Zharekesheva, Caendia Wijnbelt, Sandra Hundseder, Lena Lang.

Einige Abbildungen und Bildrechte wurden exklusiv für dieses Projekt zur Verfügung gestellt. Dafür der Dank an: Ingrid Grossmann, Fotios Marantos von HellasTV, Panagiota Poupi, Archimandrit Georgios Siomos, Isabell Inzenhofer, Sofie Pfleger, Claudia Krzempek und Ulrich Hilgner in Aschheim, Bernadette Kalteis vom Benediktinerstift Melk, Katja Ossiander von der Katholischen Universität Eichstätt, Franz Schiermeier, Silvia Werndl, Vasilios Adimoudis.

Dafni Tokas, meiner Germanistin des Vertrauens, danke ich herzlich für ihre geduldige und behutsame Lektoratsarbeit im Manuskript.

Ein großer Dank auch an Rudolf Winterstein für seine engagierte und sehr akribische Arbeit beim Lektorat/Korrekorat im Layout.

Ein ganz besonderer Dank geht an Andreas Thuy für die graphische Beratung und wertvolle Hilfe bei der Nachbearbeitung einiger Abbildungen.

Es lässt sich nicht in ausreichende Worte fassen, welche Schlüsselrolle Erzpriester Apostolos Malamoussis als allgegenwärtiger Hirte und Leuchtturm der Gemeinde bei dieser Recherche eingenommen hat, Tür und Tore öffnete und darüber hinaus Tag – und Nacht – für Fragen bei der Recherche zur Verfügung stand.
Σας ευχαριστώ ολόψυχα.

Meinen größten Dank möchte ich zuletzt meiner Familie für ihre Geduld und Unterstützung aussprechen: meinen Eltern Peter Weber und Maria Karavezyroglou-Weber, meinem Bruder Alexander Weber mit Familie in München sowie Max Tirassa und Elisabeth Maria Tirassa in Zürich.

links
Erzpriester Apostolos Malamoussis trägt einen Säugling in den Altarraum 40 Tage nach der Geburt, im Hintergrund Erzpriester Georgios Vletsis, 2021

## Zur Autorin

Dr. Korinna Zinovia WEBER (*1990) wuchs in München in einer deutsch-griechischen Familie auf, wo sie später Architektur an der Technischen Universität München studierte. Mit dem Mobilitätsstipendium des Bayerisch-Französischen Hochschulzentrums verbrachte sie ein Jahr während des Studiums in Paris an der Ecole Nationale Supérieure d'Architecture Paris-La-Villette. Als Preisträgerin des International Council for Caring Communities (ICCC) Student Design Wettbewerbes 2014 (Team 3. Preis) stellte sie ihre Projekte zum Thema soziale Integration bei der UN in New York und Beijing vor. Nach ihrem Studium promovierte sie an der Ecole Polytechnique Fédérale de Lausanne über Sanierungen von Massenwohnungsbau der Nachkriegszeit (Les «vestiges» de l'opération Million dans l'œuvre de Georges Candilis – Actualités et stratégies de sauvegarde pour un patrimoine de l'habitat économique du second après-guerre), finanziert durch die Promotionsförderung der Studienstiftung des deutschen Volkes. Von 2019 bis 2023 war sie Lehrbeauftragte und Projektmanagerin an der Eidgenössischen Technischen Hochschule Zürich. 2022 erhielt sie für ihre Dissertation den Theodor-Fischer-Preis vom Zentralinstitut für Kunstgeschichte in München. Sie lebt und arbeitet in Zürich und München.

05/25